《江談抄》與唐、宋筆記研究

——論平安朝對北宋文學文化之受容

李 育 娟 著

文 史 哲 學 集 成
文史哲出版社印行

國家圖書館出版品預行編目資料

《江談抄》與唐、宋筆記研究：論平安朝
對北宋文學文化之受容 / 李育娟著. --
初版--臺北市：文史哲，民 102.08
　　頁;公分（文史哲學集成；644）
參考書目：頁
ISBN 978-986-314-137-2（平裝）

1.大江匡房　2.宋代文學　3.文學評論

861.544　　　　　　　　　　102016567

文史哲學集成　644

《江談抄》與唐、宋筆記研究
—— 論平安朝對北宋文學文化之受容

著　　者：李　　　育　　　娟
出 版 者：文　史　哲　出　版　社
http://www.lapen.com.tw
e-mail：lapen@ms74.hinet.net
登記證字號：行政院新聞局版臺業字五三三七號
發 行 人：彭　　　正　　　雄
發 行 所：文　史　哲　出　版　社
印 刷 者：文　史　哲　出　版　社
臺北市羅斯福路一段七十二巷四號
郵政劃撥帳號：一六一八〇一七五
電話886-2-23511028 · 傳真886-2-23965656

實價新臺幣三八〇元

中 華 民 國 一〇二 年（2013）八 月 初 版

《江談抄》與唐、宋筆記研究

— 論平安朝對北宋文學文化之受容

目　　次

序　論 ……………………………………………………………… 5

第一章　《江談抄》的構成及成書背景 ……………………… 13
　　一、作者大江匡房 …………………………………………… 13
　　二、《江談抄》一書的筆錄者 …………………………… 18
　　三、《江談抄》一書的構成及傳本 ……………………… 23
　　四、大宰府的任期及創作 ………………………………… 27
　　五、北宋書籍輸入日本概況 ……………………………… 32
　　六、宋代書籍流通與學術風尚的變遷 …………………… 36

第二章　《江談抄》詩話與北宋詩話 ……………………… 47
　　一、前　言 …………………………………………………… 47
　　二、宋詩話的定義與特色 ………………………………… 52
　　三、與北宋詩話共通的特色及模式 ……………………… 60
　　四、大江齊光的詩話 ……………………………………… 72
　　五、小　結 …………………………………………………… 79

第三章　宋代筆記與《江談抄》的體裁

　　—— 說話與筆記的界限 ······················ 81

　　一、前　言 ···································· 81

　　二、「說話文學」中的異色作品《江談抄》 ······ 83

　　三、《江談抄》與宋筆記相符的特色 ············ 90

　　四、小　結 ··································· 109

第四章　冥官篁說話與北宋文學之接點

　　—— 以〈源公忠說話〉為中心 ············ 112

　　一、前　言 ·································· 112

　　二、從〈唐太宗入冥〉到〈醍醐帝入地獄〉 ····· 114

　　三、中、日文學中的冥官角色 ················ 123

　　四、從崔子玉、崔府君到小野篁 ·············· 130

　　五、小　結 ·································· 141

第五章　論平安文人都良香之形塑與唐代

　　文人軼事之關係 ··························· 143

　　一、平安文人都良香 ························· 143

　　二、都良香的逸聞傳奇 ······················ 144

　　三、史實與虛構中的都良香形象 ·············· 150

　　四、李白與駱賓王的軼事 ···················· 159

　　五、《江談抄》的言談與李白 ················· 169

　　六、小　結 ·································· 175

第六章　《江談抄》說話三則小考………………177

一、前　言………………177

二、〈王勃元稹集事〉………………177

三、玉樹小考………………188

四、《隋唐嘉話》所收李淳風軼事………………199

五、小　結………………205

結　論………………206

引用書目………………209

初出一覽………………228

附錄：大江匡房事蹟表………………229

序　論

　　大江匡房（1041-1111）是平安晚期著名的漢學者，出身漢學世家，爲後三條（1034-1073）、白河（1053-1129）、堀河（1079-1107）三代天皇之帝師。在多以家世血統世襲官位的平安朝，大江匡房受到白河天皇的破例重用及提拔，成爲首位文人出身卻官拜至二位的學者。

　　《江談抄》是由大江匡房口述、弟子藤原實兼（1085-1112）筆錄的一部語錄體著述。身爲代表院政期的一代碩儒，大江匡房的談錄《江談抄》中所收錄的雜記、見聞，對後世的影響既深且遠；《袋草紙》、《十訓抄》、《古今著聞集》、《古事談》、《續古事談》等書皆曾引用《江談抄》中的記事，日本不少名人的逸聞傳說，最早的文獻紀錄亦可追溯至《江談抄》一書。而書中所記與詩文相關的注釋、掌故、考據等也被後世奉爲治學的重要資料。

　　由《河海抄》、《花鳥餘情》、《中右記》等文獻史料的記載，一般認爲大江匡房進行談錄的時間，是在他六十二歲，大宰府任期期滿回到京都的康和四年（1102），至逝世的天永二年（1111）這段期間。[1]爾後這些談錄集結成書，即

---

[1]　（日）川口久雄，《大江匡房》（東京：吉川弘文館，1968），頁 285-286。

是《江談抄》一書。全書所收記事題材十分廣泛，舉凡朝儀公事、公卿瑣聞、詩壇軼事、掌故考訂、器物、音樂等等，信筆而記，無所不談。其流傳至今的傳本可分為保留較多口語的古抄本 ——「古本系」，以及中世依記事主題重新編排過順序的「類聚本系」兩大類。[2]

　　《江談抄》一書現今在體例上被歸類為說話文學，日本古代晚期至中世，在文學史上可以說是說話文學全盛的時期，自佛教說話《日本靈異記》起，之後尚有《三寶繪詞》、《日本往生極樂記》、《法華驗記》、《江談抄》、《今昔物語集》、《古本說話集》、《中外抄》、《富家語》、《寶物集》、《古事談》、《發心集》、《續古事談》、《宇治拾遺物語》、《教訓抄》、《十訓抄》、《古今著聞集》、《私聚百因緣集》、《撰集抄》、《沙石集》等眾多說話集問世。而世俗說話中較早問世的《江談抄》，其書中所記天皇、貴族、文人間的瑣聞逸事，皆成為後世說話集的取材對象。不過，此書同時也包含了大量掌故考據、音訓考訂等不屬於說話體裁內容的記事，使得《江談抄》成為一部頗為特異的說話作品。

　　《江談抄》這部語錄體的著述形式，和大江匡房早年的作品大異其趣，記述著重於事件本身的記錄，敘事簡略而片斷，內容頗為難解。目前《江談抄》的相關研究多以傳本考據、單篇說話的中日文獻比較、後世說話集的受容，以及談錄的形式等方向為主。至於大江匡房為何在晚年以談錄的形

2　（日）後藤昭雄，〈《江談抄》解說〉，《江談抄・中外抄・富家語》（《新日本古典文學大系》，東京：岩波書店，1997）頁 593-605。

式留下《江談抄》這部作品？一般認爲動機與「類聚本系」第五文末，具跋文性質的談話有關 —— 年過七十的老者大江匡房希望大江家家學能後繼有人，將大江家累代的學術秘聞傳承下去。不過除了傳承的動機之外，他爲何會選擇以談錄、隨筆的形式進行《江談抄》的編寫，以及書中詩話書寫形式的起源等問題，至今並未有一個明確的解答。筆者認爲要探求《江談抄》成書緣起，除了動機之外，更需著眼此書的體裁，以及與當時平安朝相對，北宋一朝的文藝思潮及學術風尚的變遷。

　　大江匡房所處的時代，在中國正好是北宋時期。永長二年（1097），他五十七歲時，被任命爲大宰權帥，隔年赴九州大宰府任職。大宰府的地理位置較接近中國，宋朝的商人常往來此地經商貿易。自寬平六年（894），菅原道真上奏建議朝廷停止派送遣唐使後，即使之後改朝換代，日本朝廷也未再派遣正式使節入宋。不過官方的正式往來雖然停滯，民間的貿易及交流卻是十分熱絡。如有宋商活躍於兩國之間，帶進各種工藝品及書籍文物等貿易商品，[3]奝然、成尋、寂然等入宋日僧則帶回大量的佛教文物、經書典籍，其中奝然所帶回的宋版《大藏經》，是宋代出版品最早進入日本的記錄。《日本紀略》、《小右記》、《百錬抄》、《扶桑略記》、《水左記》、《爲房卿記》及《中右記》等史料皆記錄著宋商人頻繁的貿易活動。

　　大江匡房在晚年回到京都後，多次發表與北宋相關的談

3　（日）森克己，〈日宋貿易に活躍した人々〉，《續日宋貿易の研究》》（《森克己著作選集》，東京：国書刊行会，1975），頁 247-268。

話，他對北宋的關切也受到大曾根章介、小峯和明、佐藤道
生、三木雅博及本間洋一等眾多學者的注意。他曾在大宰府
當地透過宋商打聽北宋的消息，[4]日本學者推測大江匡房在大
宰府任期中（1098-1102）的五年間，自宋朝的商人手上蒐購
了大量的宋本書籍，[5]並推測他的作品或許與北宋文學存在著
某種連繫，不過除了小野泰央曾提及大江匡房詩話與宋代詩
話頗爲雷同外，針對大江匡房與北宋文學的研究並未有進一
步的討論。

　　大江匡房回京後進行談錄的時間對應至北宋已臻晚期，
當時圖書事業發展成熟，且由於販賣圖書利潤頗高，更加速
書籍的發行量及流通速度。「宋代古籍整理之成果，或以刻
本流通，或以寫本傳鈔，品類繁多，幾乎囊括經學、史學、
方伎、哲學、文學各門類。朝廷印書，搜訪校勘，殫精竭力，
務在推廣流傳，始終如一，於是促成宋代印本之繁榮。」[6]錢
存訓認爲宋代雕版印刷的繁榮、印刷術的普遍應用及書籍流
通，是改變宋代學術研究和著述風尚的原因之一。[7]不論是印

---

4 「江中納言〔大江匡房〕談云……又談云：大宋國從高祖以來及當帝
　九代之由，唐人所申也，在宰府之間所風聞也。」（康和五年十二月
　十三日）。談話的時間是康和五年（1103），因此當時北宋在位的應
　是徽宗。另外，文中的「唐人」指的是宋人。見（日）藤原宗忠，《中
　右記》2，《增補史料大成》（京都：臨川書店，1965），頁 307。
5 （日）大曾根章介，〈大江匡房と説話・縁起〉，《日本漢文學論集》
　（東京：汲古書院，1998），頁 387-389。
　（日）小峯和明，〈俊頼と匡房〉，《院政期文學論》（東京：笠間書
　房，2006），頁 402-416。
6 張高評，《印刷傳媒與宋詩特色 ── 兼論圖書傳播與詩分唐宋》（臺
　北：里仁出版社），2008，頁 44。
7 錢存訓，〈印刷術在中國社會和學術上的功能〉，《中國紙和印刷文
　化史》（桂林：廣西師範大學出版社），2005，頁 356-358。

本或抄本，書籍大量流通於書市，士人的談錄記聞及治學心得等詩話隨筆，也是書商販售的商品之一。約在大江匡房赴大宰府的二十多年前，入宋僧寂照的《參五台天臺山記》裡，記載宋神宗熙寧六年（1073）正月，在市坊中購得《楊文公談苑》的語錄體筆記，可知士人的隨筆雜談也在書坊販售流通。而後的二、三十年，印刷術益臻成熟進步，名人的雜談筆記也多鏤版印行作爲商品販售。

院政時期宋日貿易興盛，宋商頻繁往來兩地，而北宋印刷術的普遍應用及書籍流通，改變了當時文人治學和著述風尚，促成宋人經典研究及考據注釋學的發展，同時語錄體隨筆也在北宋這個時代興起並大爲盛行。在這樣一個時空背景下，大江匡房選擇以談錄的形式著手個人的隨筆著述，書中又包含大量考據注釋的談話，兩者的一致性應非偶然。

唐末連年的戰亂，導致大量書籍散失。北宋初年朝廷即致力於古籍的蒐羅整理，將蒐集到的善本加以抄寫收藏，或是鏤版印行，使得宋前的典籍得以保存留傳，成爲宋人考據前人詩作及事蹟的研究材料。唐人別集的整理、校勘、注釋等也是宋人古籍整理的成就之一。唐人別集、選集、注本的刊行，使宋人便於鑽研前人詩作，進而提出讀詩心得、主張及評論，宋代詩話中的文學批評，其基礎便是建立在唐人龐大的詩文作品之上。大江匡房除品評唐人詩作外，《江談抄》中又常見以唐代筆記小說爲主題的談話，而且他在談話中似乎不願透露書名及來源。這些唐人小說及雜著不知是大江家舊傳抄本，或是宋人所輯佚、整理的前人古籍。比較特別的是，這些大江匡房常用爲談話依據的雜史小說，其他平安朝

人似乎不清楚這些書籍的存在。因此，大江匡房可能接觸的唐人別集、筆記、雜史等，本書也將另論探討。

如前所述，目前《江談抄》的研究方向，多以談話的形式或單篇故事的考察爲主題，未見以《江談抄》體例爲主的研究論述，且忽略了當代北宋治學風尚的變遷及圖書流通所造成的影響，使得此書與北宋文學間的關聯隱而未現。爲了以更完整的角度論述此部作品，本書除了針對《江談抄》的體裁及詩話篇章進行探討外，並兼及中日文化交流的層面，將宋日貿易概況、北宋學術思潮的推移演變，以及大江匡房的購書狀況等，皆納入考量，分章論述，考察大江匡房可能接觸的文獻，及與北宋當代學術的關聯。

基於上述提出的研究角度及問題意識，本書的章節及構成安排如下：

第一章〈《江談抄》的構成及成書背景〉：此章首先說明《江談抄》全書構成及相關成書背景，包括作者大江匡房的生平及大宰府時代的經歷，《江談抄》的主要傳本及筆錄者，並概觀在宋、日貿易活絡的大環境下，北宋圖書產業的發展、轉變所帶來的影響。隨著唐人別集、評注、詩選的大量雕印，宋人論述、評論唐人詩作的詩話筆記也隨之刊行，圖書的大量流通，促成了宋人考據注釋學的蓬勃發展。而《江談抄》以詩文爲中心的考據記事型態則與當時流行的宋人詩話筆記極爲近似。在進入《江談抄》詩話及體例的比對分析前，本章五、六節先針對北宋晚年圖書產業及學術風尚等文化背景的轉變進行說明。

第二章〈《江談抄》詩話與北宋詩話〉：日本記述漢詩

文的短篇故事可稱爲「說話」，在中國的同類型作品則稱爲「詩話」。中國詩話至宋時，其形態發展出與前代截然不同的特色，因此筆者將從歸納宋代詩話獨有的特色，做爲研究的切入點，對比分析《江談抄》與北宋詩話筆記，找出兩者共通的特色及書寫形式。

第三章〈宋代筆記與《江談抄》的體裁 —— 說話與筆記的界限 —— 〉：前章以「詩話的形式」爲主題，比對《江談抄》及中國筆記或詩話專著中所收詩話的型態，本章則擴大探討範圍，包含詩話在內，探討全書的體裁形式與唐宋筆記，特別是與宋代筆記間的關聯。

第四章以後，則針對各別的說話、記事進行探討。第四章〈冥官篁說話與北宋文學之接點 —— 以「源公忠說話」爲中心 —— 〉考察冥官篁說話與宋代崔府君信仰的關聯；第五章〈論平安文人都良香之形塑與唐代文人軼事之關係〉爲詩人軼事的專論，重點在於探討都良香傳說的形成與唐宋筆記、小說的影響；第六章〈《江談抄》說話三則小考〉，從〈王勃元稹集事〉的談話背景，可知大江匡房所取得書籍的注釋者及出版流通的相關訊息。而〈文選三都賦事〉及〈都督爲熒惑精事〉的內容，則顯示他可能接觸的書籍類型。本章藉此三則《江談抄》說話，略窺大江匡房的治學態度、宋本書取得的背景，兼及與北宋流通圖書間的關聯。

《江談抄》流傳至今的本子數量頗多，依傳抄時間，大分爲「古本系」與「類聚本系」二個系統，「古本系」無完本，每本皆有殘缺。本書所使用的《江談抄》引文，爲國文

學研究資料館版的「類聚本系」《江談抄》，[8]引文下皆標有原書的篇名、卷數，以及全書記事的序號，若有需要則在文中另引古本系作為補充。文中相對於「古本系」的類聚本眾抄本，以「類聚本系」稱之，若指單一傳本或強調其類聚的性質時，則以「類聚本」稱之。

8　（日）大江匡房著，（日）山根對助、（日）後藤昭雄、（日）池上洵一校注，《江談抄・中外抄・富家語》（《新日本古典文学大系》，東京：岩波書店，1997）。

第一章 《江談抄》的構成及成書背景

一、作者大江匡房

　　大江匡房是著名的院政期代表學者，爲信濃守大學頭大江成衡之子，曾祖父爲著名詩人兼學者的大江匡衡，曾祖母是和歌名人赤染衛門。他生於長久二年（1041），逝於天永二年（1111）。出生於漢學世家的大江匡房，除了紀傳道外，又通明經、明法、算、陰陽、曆、天文等道，可以說是一個跨越各家專長的博學型才子。

　　大江家世代掌握平安朝的大學教育資源，朝廷大學寮下的教育單位「文章院」分爲東曹、西曹，由大江家掌東曹，菅原家掌西曹。自從菅原道真（845-903）失勢後，此消彼長，延長（923-930）、承平（931-937）年間大江家又出現了大江維時、大江朝綱兩位文章博士，於是大江家的勢力逐漸凌駕於菅原家之上，對文章院的掌控力也增強，掌握了不少學術教育的資源。

　　依大江匡房晚年的自述（《江談抄》），他八歲時通曉

《史記》、《漢書》、《後漢書》，十一歲第一次作賦，世人稱之爲神童。十六歲時作〈秋日閑居賦〉，受到當時大學者藤原明衡（989-1066）的賞識。[1]

　　在藤原氏掌控朝政的時代，一般文人出身的貴族，其位階多在中階或中階以下。相較之下，大江匡房在仕途上較一般文人來得順遂，十六歲時通過省試成爲文章得業生，十八歲對策及第，二十歲被任命爲式部少丞，也開始了他的仕宦之途。治曆三年，他二十七歲時，轉任東宮學士，擔起教育太子的重責。後三條天皇（1034-1073）即位後，大江匡房被任命爲藏人，更成爲天皇倚重的近臣。此後大江匡房也仍兼任東宮學士，成爲後三條、白河、堀河三代天皇的帝師。在後三條天皇之後即位的白河天皇（1053-1129），十分賞識並重用大江匡房；他於白河天皇在位期間，一路由藏人升上權中弁、左中弁、左大弁。堀河天皇（1079-1107）即位後，白河天皇出家退位成爲法皇白河院，但仍掌握實質的政治權力，大江匡房擔任白河院的別當，繼續爲白河上皇獻策獻力。除帝王之外，大江匡房亦爲攝關家的藤原師通（1062-1099）講解《漢書》、《後漢書》。原本非高級貴族的學者或讀書人，一生無緣晉升高位，而接近權力核心的他，卻仕途得意、

---

1 「都督又云：取身自讚有十餘。其中，八歲通史記。四歲讀書。十六歲作秋日閑居賦。其一句云：『李廣漢室之飛將也，卜宅於隴山，范蠡越國之賢相也，避祿於湖水』云々。明衡朝臣深以感之。又落葉埋泉石詩：『羊子碑文嵐裏隱，淮南藥色浪中深』云々。」（日）大江匡房著，（日）山根對助、（日）後藤昭雄、（日）池上洵一校注，《江談抄・中外抄・富家語》（《新日本古典文學大系》，東京：岩波書店，1997），頁 537。

步步高升。五十四歲時升任權中納言，五十七歲兼任大宰權帥。由於大江匡房曾任大宰府的大宰權帥、中納言，世人常以「江中納言」或「江都督」（大宰權帥的唐名爲都督）、「江帥」來稱呼他。七十一歲時升至正二位大藏卿，同年十一月五日辭世。[2]

　　他雖官運亨通，才學也受到世人敬佩，但他有違常理的一些言行舉止，卻受到不少猛烈的抨擊。大江匡房是一位多產的作家，詩、賦、和歌、願文等傳世的作品極多。晚年執著於願文的寫作，至今留存的《江都督納言願文集》中，便收錄超過了一百一十多篇願文。他曾在沒人要求代寫願文的情況下，擅自代擬法會願文，這種有違常理的寫作欲望，甚至讓他被揶揄爲「文狂」。他晚年常邀請客人來自家宅邸，請訪客們談說世間的雜事瑣聞、流言蜚語，並記錄下這些談話內容，而這樣的行爲在當時也頗引人非議：

> 或人來談云，先朝舊臣於香隆寺供養結緣之日御願文，式部大輔正家朝臣所作也。而匡房卿又作件願文，披露世間。凶事所役不及二人，匡房所爲，奇也怪也。世間之人爲文狂歟。可謂物怪歟。凡件卿依所勞此兩三年來暗記錄世間事。或有僻事、或有虛言。爲末代誠不足言也。（《中右記》，嘉承二年九月二十九日條）[3]

---

2 （日）川口久雄，《大江匡房》（東京：吉川弘文館，1989），頁 1-345。
3 （日）藤原宗忠，《中右記》3（《增補史料大成》，京都：臨川書店，1965），頁 263。

另外，他第二次被任命為大宰府權帥時，卻故意留在京都不赴九州任職，因此當地發生事件時，沒有首長出面處理造成了不少問題，引起朝內官員的不滿。雖然大江匡房縱橫官場仕途得意，他的博學多聞也深受世人景仰，但他的性格及行為卻也帶來不少負面評價：

> 五日戌刻大藏卿大江匡房卿薨，年七十一。匡房者故成衡朝臣男，後冷泉院御時給學問料，後三條院為辨廷尉佐五位藏人，次作美作守，後加權左中辨，堀川院御時任參議中納言，又再任太宰帥辭中納言，任大藏卿遂昇正二位，<u>但後為帥之間不赴任過五箇年也</u>。為三代侍讀，才智過人，文章勝他，誠是天下明鏡也。<u>但心性委曲，頗有不直事</u>。或人云：申時許出家，次燒老後之間日記了，入夜薨云々。朝之簡要，文之燈燭也。良臣去國，可歎可悲歟。（《中右記》，天永二年十一月五日條）[4]

大江匡房生涯的著述極多，目前流傳至今的有收於《本朝續文粹》的願文、賦、古調詩、表、施入狀、詩序、和歌序、讚、論、銘、記、牒、都狀、表白等各類文體的作品，還有《朝野群載》卷第 3〈文筆部〉的祭文、都狀、記，卷第二十〈異國〉的〈大宰府送高麗國禮賓省牒〉；《本朝無題詩》所收二十四首漢詩；《江都督納言願文集》超過百篇

---

4 （日）藤原宗忠，《中右記》3，頁 96。

的願文；一部專載朝儀掌故的儀式書──《江家次第》，此外還著有《續本朝往生傳》及《本朝神仙傳》等傳記式的短篇故事集。

　　他在和歌上的表現十分優秀，勅撰和歌集《後拾遺和歌集》收有他的作品二首，再加上其它勅撰和歌集所收錄的和歌，總共有一百一十四首，另有私家集《江帥集》傳世。

　　大江匡房五十七歲時被任命爲大宰權帥，在九州大宰府的任期間與宋商接觸，向宋商購書，是院政期公認最關注北宋動向的學者。他從北宋商人口中打聽及蒐集北宋的相關訊息。[5]強烈關注著鄰國動向的大江匡房認爲，漢詩文作品能得到北宋的認同，是值得在自己國家裡被誇耀的榮譽。[6]由於他晚年頻頻發表對宋的談話及看法，不少學者因此認爲大江匡房的著作可能與北宋文學間有所連繫，但從他現存的詩文作品來看，其用語和表現形式，多承襲《文選》、《白氏文集》及其他唐詩人文集，未見宋詩文的影響。

　　本書要探討的《江談抄》，是他晚年命人筆錄他口述內

5　「江中納言〔大江匡房〕談云……又談云：大宋國從高祖以來及當帝九代之由，唐人所申也，在宰府之間所風聞也。」（康和五年十二月十三日）。談話的時間是康和五年（1103），因此當時北宋在位的應是徽宗。另外，文中的「唐人」指的是宋人。見（日）藤原宗忠，《中右記》2，《增補史料大成》（京都：臨川書店，1965），頁307。

6　大江匡房自言：北宋商人曾說，他撰寫的〈高麗返牒〉文，輾轉傳入宋天子的耳中，宋天子十分欣賞，認爲詩中佳句值百金（《江談抄》第五・74・〈都督自讚事〉）。不過並無任何文獻可證實此事的真實性，有可能是宋商或本人的杜撰。原文爲「又云、自高麗申医師返牒云、双魚猶難達鳳池之月、扁鵲何入鶏林之雲。是則承曆四年事也。其後赴鎮西之日、宋朝賈人云、宋天子有鍾愛賞翫之句、以百金換一篇之句也。」

容的語錄體作品，此書流傳至今的傳本爲數不少，書中記事以短篇爲主，內容題材則包含朝政記聞、遺聞軼事、文學藝術、名器淵源、掌故考訂等十分廣泛駁雜。《江談抄》一書，除了體例與筆記近似外，所採詩話又與宋詩話頗有雷同之處，因此筆者欲藉由分析此書，探討大江匡房與北宋文學間的關聯。

宋代出版業的興盛改變士人的讀書方式及學術風尚，特別是在大江匡房晚年的北宋末年，印本文化日漸普及，圖書價格相對便宜且大量流通，筆記及詩話亦是付梓出版的商品之一。目前《江談抄》的研究皆未論及圖書流通環境的改變所可能帶來的影響，因此，下文在說明《江談抄》筆錄者和傳本，以及大江匡房在大宰府任期間的活動後，將進一步討論與成書背景相關的宋、日貿易往來、北宋圖書出版事業的發展及對學風轉變的影響。

二、《江談抄》一書的筆錄者

「類聚本」《江談抄》第五，有一篇具跋文功能的記事，被拆成二段並置於第五卷的最末尾：

> 被命云：「倩案物情，云官爵云福祿，皆以文道之德所經也。何況才藝名譽殆過於中古之人所思給也。雖似自讚又非無謂。於壽命者及七十事，近代之難有之事也。非短壽之類。顏回至聖僅三十歟，仍世間事全無所思シ，只所遺恨ハ不歷藏人頭卜子孫カ和呂クテヤ

ミヌルトナリ。|足下|ナトノ様ナル子孫アラマシカハ，何事ヲカ思侍ラマシ。家之文書，道之秘事，皆以欲煙滅也。就中史書全經秘說，徒ニテ欲滅也。無委授之人。|貴下|ニ少々欲語申。如何。」答云：「生中之慶何以如之乎。」被答云：「史記爛脫ハ只三卷也。本紀第一，第四，第五傳也。後漢書ニハ廿八將論也，共有注有別紙。……」（《江談抄》第五‧73‧〈都督自讚事〉）[7]

一般認爲這一段談話是《江談抄》成書的重要契機之一。[8]內容翻譯如下：大江匡房在高齡七十歲時談到，自古以來能活到七十歲是非常難得的事，如至聖顏回也年僅三十而已。自己在這世上並沒有什麼遺憾，若真說有什麼缺憾的話，大概是一生中沒擔任過藏人頭一職，及子嗣隆兼早逝一事。大江家代代相傳的珍貴書冊，不外傳的家學、秘聞等，可能就此失傳，特別是史書、經書的治學秘聞，找不到適合的傳人，其實請你來聽我這位老人的談話，也是要防止這些珍貴的知識秘聞失傳。對方回答這是我畢生最大的榮幸，接下來大江匡房便開始談論關於《史記》、《漢書》的傳本問題，及對文人菅原文時、源順詩句的評論。

這些被文字化的言談內容，最後便集結成《江談抄》這部語錄體作品。不過《江談抄》的傳本頗爲複雜，中世重新編排過順序的「類聚本」，除了筆錄者所記錄的談話外，也

---

7 《江談抄‧中外抄‧富家語》（東京：岩波書店），頁 536、537。
8 （日）大曾根章介，〈晚年の大江匡房〉，《日本漢文學論集》（東京：汲古書院，1998），頁 370-371。

雜有不少大江匡房自筆的記述。

　　在〈都督自讚事〉文中，與大江匡房一對一進行對談，被大江匡房稱爲「足下」、「貴下」的這位人物，正是《江談抄》的筆錄者。而有關這位記錄者身分姓名的線索，在《江談抄》所有談話中皆未曾出現。

　　《今鏡》第十〈敷島の打聞〉有一段討論黃鶯的談話，文末提到了藏人實兼這個人物在記錄大江匡房的談話。而這段以黃鶯爲主題的討論內容，正與《江談抄》第三〈郭公爲鶯子事〉的記事相符。最早注意到《今鏡》〈敷島の打聞〉這段記載的人，是江戶時代晚期的黑川春村（《碩鼠漫筆》），後來又經小峯和明、甲田利雄等學者的補證、考察。直到現今，《江談抄》的筆錄者爲藤原實兼一事已成爲定說。依《尊卑分脈》的記載，藏人藤原實兼（1085-1112）是大學頭藤原季綱之子，少納言藤原通憲之父，生年二十八：

> 進士、加賀掾、文章生、母同伊通，天永三四，於侍
> 中卒。廿八（《尊卑分脈》）[9]

有關他本人生平的文獻資料極少，《中右記》記載他於天永三年四月三日去世，並簡略地記述了他的經歷：

> 下人來云：去夜々半，一膃藏人藤實兼頓滅，^{年廿}_八實兼
> 者是故越前守季綱朝臣二男也。從東宮時昇殿，踐祚

---

9 《尊卑分脈》（《新訂增補国史大系》，東京：吉川弘文館，1974），
　 第 2 篇，頁 485。

之後補藏人，本為文章□，依申方略至一臘，年不給
官也。件人頗有才智，一見一聞之事不忘卻，仍才藝
超年齒。（《中右記》，天永三年四月三日條）[10]

藤原實兼二十八歲便英年早逝，留下的作品不多，因此
在文壇上名聲並不顯著。不過他聰明才智過人，記憶力甚佳。
其子藤原通憲（1106-1160），則是留下《通憲入道藏書目錄》
的著名學者。藤原實兼爲大江匡房談話筆錄者的說法，除了
《今鏡》之外，尚有另一根據來自京都醍醐寺藏《水言鈔》
的寫本。

《水言鈔》爲《江談抄》的古寫本之一，取「江談」二
字的偏旁命名，藏於京都醍醐寺。封面左上題有「水言鈔四
五」，右下題有「勤息勝賢之」等字樣。醍醐寺座主勝賢
（1138-1196）爲藤原通憲之子，此書應是勝賢持有時，在封
面書題下加上了署名。封面裡頁另有一沙門成賢（1162-1231）
所書的附記。勝賢是實兼的孫子，而成賢是實兼的曾孫。[11]從
《水言鈔》封面表裡頁人物與藤原實兼的血緣關係的連結看
來，藤原實兼爲《江談抄》記錄者之說因而更爲穩固。

另外，「類聚本」《江談抄》第五〈源中將師時亭文會
篤昌事〉中，與大江匡房對談討論源師時詩宴的「貴下」，

被命云：「文場何等事侍哉。」答云：「指事不候。
一日コソ源中將師時亭文會候シカ。」被答云：「昨日進

---

10 （日）藤原宗忠，《中右記》4，頁 149。
11 《尊卑分脈》，第 2 篇，頁 489、494。

士篤昌所來談也。人々詩大略聞之。貴下詩篤昌頗不
受歟。」答云：「尤理也。又篤昌詩希有也。坐人々
被申候如何。」被命云：「然也。不足言者歟。事外
ニ英雄之詞ヲコソ称シ侍シカ。文場氣色如何。」答云：
「傍若無人也。」（《江談抄》第五・71・〈源中將
師時亭文会篤昌事〉）[12]

　　其人本名藤原實兼的名字出現在《長秋記》所記載源師
時（1077-1136）的一場詩宴中，「於八條亭有詩合事，文臺
二，圓座二枚，燈臺二本儲之，盃酌一兩巡後，藏人實兼
記今日事，題五首。」[13]。而這也是將《江談抄》記錄者與
藤原實兼連結在一起的另一則線索。[14]

　　由上述古寫本《水言鈔》的持有者的署名，及《今鏡》、
《長秋記》等記載外，《江談抄》第五 22 話以及《擲金抄》
所收藤原實兼的詩句，也說明了藤原實兼與大江匡房兩人深
厚的交情。[15]雖然目前所有現存文獻皆指向藤原實兼為筆錄
者，不過由於《江談抄》未出現他的名字，因此雖然藤原實
兼為筆錄者一事已為定說，也有學者認為筆錄者可能不只一
人，不能排除人數為複數的可能性。[16]

12　《江談抄・中外抄・富家語》（東京：岩波書店），頁 536。
13　（日）源師時，《長秋記》（《增補史料大成》，京都：臨川書店，
　　1965），頁 41。
14　（日）甲田利雄，〈江談抄成立に關する從來の說〉，《校本江談抄
　　とその研究，（東京：續群書類從完成会，1988），頁 3。
15　（日）後藤昭雄，〈《江談抄》解說〉，《江談抄・中外抄・富家語》
　　（東京：岩波書店，1997），頁 594-595。
16　（日）山根對助，〈大江匡房 ── 《江談抄》の世界 ── 〉，《日本
　　の說話》（東京：東京美術，1973），頁 358-384。

三、《江談抄》一書的構成及傳本

大江匡房的談錄《江談抄》，後世傳抄的寫本數量相當多。這些傳本一般可分為「古本系」及「類聚本系」兩大類別。「古本系」的成立時間較早，保留不少大江匡房與記錄者對談的口語，但皆非完本。「古本系」包括神田喜一郎先生收藏的「神田本」、醍醐寺藏《水言鈔》，以及前田家藏「前田家本」等三個傳本。而將「古本系」的記事內容，以類相從重新編排順序的本子便是「類聚本系」。

（一）「古抄本」——神田本、水言鈔、前田本

「神田本」

「神田本」是傳寫於大江匡房逝後約三、四年的抄本，抄寫時間為永久二年（1114）至永久三年間，為「古本系」中抄寫年代最早的本子，保留了最多問答形式的語句，可惜留下的篇數不多。「神田本」是故神田喜一郎所藏舊抄本，原傳自高山寺。此抄本分為四段在四個時間書寫，各段抄寫時間的差距頗大。

1. 永久二年十一月十九日夜，共四十七行。

2. 永久三年四月夜，共七十五行。

3. 永久三年八月十三日，抄寫的份量只有兩話，共五十二行。

4. 最後書寫的段落未標示抄寫時間，計有五十六行。

「神田本」第一話至第十話的書寫時間，是永久二（1114）

年十一月十九日。藤原實兼在天永三（1112）年四月逝世，期間約隔了兩年半。因此，甲田利雄推論可能是得到實兼原稿的某人，依得到的順序分別在永久二、三年書寫，才會造成書寫的間隔。[17]

　　《水言鈔》

　　《水言鈔》是京都醍醐寺所收藏的古抄本，取「江談」二字偏旁命名，此本的封面內側有藤原實兼曾孫，成賢所書寫的讀書附記，提到他在「建久九年」（1198）翻閱《水言鈔》時，注意到書內有多則記事重複：

> 建久九年正月五日，於上醍醐覺洞院。閑居之間，念誦讀經之際，加一見了。同事所々多載也如何。沙門成賢[18]

　　建久九年，距大江匡房逝世將近九十年。相較於「神田本」留下了較長的口語對白，同是古抄本的《水言鈔》則刪除了不少口語問答。《水言鈔》保存了二百五十六條記事，是古抄本中數量最多的。而《水言鈔》也是中世重編本「類聚本」的主要依據來源。

　　「前田本」

　　「前田本」《江談抄》書寫在《具注曆》的紙背，抄寫

17　（日）甲田利雄，〈江談抄成立に關する從來の說〉，頁 39。
18　（日）植松茂、（日）後藤昭雄、（日）田口和夫、（日）根津義，《古本系江談抄注解》（東京：武藏野書院，1978），頁 290。

時間爲寬元三年（1245）。現存「前田本」的記事與《水言鈔》本文相較的話，除了若干用字、行文略有出入外，兩者間的差異並不大。「前田本」現存八十七條，內容以朝政記聞、人物事跡、制度沿革等談話爲主，未抄錄詩文相關的記事。

（二）　「類聚本」

　　《江談抄》「類聚本系」的抄本數量極多，這些「類聚本系」的傳本，依其卷數可分爲五卷本及六卷本的形態。小峯和明認爲現存五卷本的傳本數量多於六卷本，而五卷本的卷末最終篇〈都督自讚事〉，具有跋文的意義與功能，再加上「古本系」的《水言鈔》末尾亦是〈都督自讚事〉，故據此推測五卷本的系統應是「類聚本」完整形態的呈現。[19]

　　「類聚本系」的《江談抄》傳本流傳極廣，是日本中世時重新編排過順序的傳本，有〈群書類從本〉、〈東山御文庫本〉、〈內閣文庫來歷志本〉、〈宮內廳書陵部藏柳原本〉、〈國文學研究資料館史料館藏本〉等眾多的抄本流傳。「類聚本」的特色是刪除了不少對談時留下的口語對話，以集中突顯談話的主題。

　　「類聚本」的編修，是以《水言鈔》系統的傳本爲主，「神田本」系統的傳本爲輔。若某則談話同時出現在《水言鈔》與「神田本」時，「類聚本」的記述形式與前者《水言鈔》相同，而非「神田本」，這說明了《水言鈔》是中世以

19　（日）小峯和明，〈高麗返牒 —— 述作と自讚〉，《院政期文学論》（東京：笠間書房，2006），頁 61。

後廣爲流傳的「類聚本」依據來源。[20]

（三）「類聚本」與「朗詠江注」

以類相從的「類聚本」《江談抄》，每卷各設有篇目主題。第一、第二、第三的記事以掌故、政事、名人軼事等內容爲主，第四、第五、第六則是與詩文相關的內容，包括詩文典故、詩壇軼事、訓詁考訂等。

「類聚本」系六卷本的《江談抄》，其中第四及第六在編纂時，編者滙入了多則「朗詠江注」的詩話。「朗詠江注」是大江匡房以《和漢朗詠集》所收錄的漢詩爲題材，撰寫與詩句相關的詩格詩法或詩壇逸事，以類似夾注的形式書寫在朗詠集詩句之後，藤原清輔所撰的歌論書《袋草紙》（1156-1159）[21]裡，將其稱爲「朗詠江注」後，此名便延用至今。據黑田彰的調查結果，「類聚本」第四有四十五則、第六有二十則的記事引自「朗詠江注」。[22]若扣除「朗詠江注」的詩話，整體而言，《江談抄》詩人軼事、詩詞典故、考據訓詁等詩文相關的主題比重仍相當高。

20　（日）後藤昭雄，〈《江談抄》解說〉，頁 597。（日）甲田利雄，〈神田本の考察〉，《校本江談抄とその研究》（東京：續群書類從完成会，1988），頁 38-100。

21　（日）藤原清輔著，（日）藤岡忠美校注，《袋草紙》（《新日本古典文学大系》，東京：岩波書店，1995），頁 93。

22　（日）黑田彰，〈江談抄と朗詠江注〉，《中世説話の文学史的環境》（大阪：和泉書院，1987），頁 22。

四、大宰府的任期及創作

　　《江談抄》的成書時間不明，不過從《河海抄》、《花鳥餘情》、《長秋記》、《中右記》等文獻的佐證，以及大江匡房在談話中屢屢提及自己年事已高，「表今兩三度欲作，作草猶多，而年已老矣，病焉，露命欲消」（第六）[23]、「院仁和寺五大堂之御願文，是則老耄之身所思得之句」（第六）、[24]「於壽命者及七十事，近代之難有之事也」（第五）。[25]更有幾則談話經考證顯示談錄的時間爲天仁年間，也就是大江匡房去世前的二至四年。據此，即使現存傳本混入了幾則他早年的記事，一般仍認爲大江匡房進行談話筆錄的時間，集中在大宰府任期期滿返回京都後的這段時間，尤其集中在他拒絕第二次大宰府的任命，至過世的這一段期間。[26]

　　以大宰府時代爲分界點，大江匡房的作品風格也出現了轉變。大宰府是對宋貿易的重鎮，宋商多往來於此地，帶來大量的絲織品、陶瓷器、藥品、染料、書籍、文具等商品。大江匡房在五十七歲（1097）時被任命爲大宰權帥，必須遠赴九州的大宰府任官，由於母喪之故，延遲至隔年十月才出發至大宰府。大宰府四年的任期間，大江匡房在當地與北宋商人接觸，也獲得北宋的資訊及文物；參拜安樂寺聖廟及宇

23　《江談抄・中外抄・富家語》（東京：岩波書店），頁 542-543。
24　《江談抄・中外抄・富家語》（東京：岩波書店），頁 543。
25　《江談抄・中外抄・富家語》（東京：岩波書店），頁 537。
26　（日）小峯和明，〈《江談抄》の語りと筆錄 ── 言談の文芸〉，《院政期文学論》（東京：笠間書房，2006），頁 155-156。

佐八幡宮等在京都難以體驗的經歷，讓他留下了〈落葉賦〉、〈西府作〉，〈參安樂寺詩〉等長篇的大作。另外，在他生涯中較爲特別的作品：〈筥崎宮記〉、〈對馬貢銀記〉等具地方特色的地誌，也是在這個時期完成的。大宰府時代的體驗對他的生涯及文學創作都是一大轉機。[27]

　　〈落葉賦〉、〈西府作〉兩篇文章的結尾皆是在抒發於異鄉作客的老臣鄉愁。對曾被流放到此地的菅原道真（845-903），大江匡房懷有特別的情感，因而在供奉菅原道真的祠廟安樂寺內，捐獻搭建了滿願院。並於康和二年（1100）撰寫長篇的五言古調詩〈參安樂寺詩〉讚揚安樂寺聖廟的雄偉壯麗、菅原道真的文采及歿後的神蹟。隔年春天又在安樂寺前撰寫〈內宴詩序〉，在文中謙稱自己爲「累葉廊下之末弟」。[28]

　　大江匡房在赴任期間，舉辦了各種活動緬懷菅原道真。《江談抄》中更有多則談話主題圍繞著菅原道真，保括道真生涯諸多事蹟及天神傳說等，說明了大江匡房對道真的尊崇與關注。其中也有則談話談到大江匡房的詩作與天神的感應：他談到當年在安樂寺舉辦曲水宴朗讀詩序時，安樂寺出現如雷般的震動聲響，有如神靈對詩句感應產生了共鳴。接著又提到自己在起草安樂寺曲水宴詩序後，夢見有人前來指正詩句用字的錯誤。《古今著聞集》更記載了大江匡房因夢

27　（日）小峯和明，〈高麗返牒 ── 述作と自讚〉，頁 59。

28　（日）大江匡房，〈七言早春內宴陪安樂寺聖廟同賦春來悅者多詩一首、以心爲韻幷序〉，收錄於《本朝續文粹》（《新訂增補国史大系》，東京：吉川弘文館，2000），頁 126。

中奇事，而創辦了安樂寺祭。[29]

> 又問云：「江都督於西府安樂寺令作內宴序之時，御
> 殿戶鳴之由風聞。件事實否未決如何。」被答云：「件
> 事都督被談云：『內宴作序之時，邊如有人詠其中句。
> 府官等所見聞也』然而件夜依屬終有事疑。後日曲水
> 宴序披講之時，御殿戶有聲。滿座府官僚下不遺一人
> 皆以聞之。」僕又問之：「件聲何許哉。」被答云：
> 「如雷，無事疑。又書件序之時，夢中有人，告云：
> 『此序中有失誤。可直。』夜夢忽驚。反覆見件序，
> 有柳中之景已暮，花前之飲欲止之句。柳中秋事也。
> 非春時。則覺悟直。」云々。（《江談抄》第六・42・
> 〈江都督安樂寺序間事〉）[30]

　　大宰府任期結束返回京都後，大江匡房頻頻發表與北宋
相關的談話。除了談到往年在大宰府和宋人的談話內容外，
他也曾提到自己早年撰寫的〈大宰府送高麗國禮賓省牒〉（《朝
野群載》、《本朝續文粹》）詩句，傳進宋天子耳裡，得到
極高的評價。這則自讚談話的真實性雖令人置疑，但也可以
看出大江匡房認爲漢詩在中國獲得佳評是至高榮譽的心理。
藉由中國的評價來建立他個人權威，宋朝天子可說是相當合
適的人選。[31]同樣的觀點也反映在《江談抄》另一則故事：

29　（日）橘成季，《古今著聞集》（東京：岩波書店，1984），頁 127-129。

30　《江談抄・中外抄・富家語》（東京：岩波書店），頁 542。

31　（日）佐藤道生，〈匡房と寂照〉，《むらさき》34（1997.12），頁 63。

兼明親王的《菟裘賦》傳入中國後，北宋文人驚歎如此佳作若出現在更早的時代，理所當然會收入《文選》之中。

《古今著聞集》記載大江匡房任期屆滿時，用兩艘船載滿他自大宰府帶回的物品返回京都，大曾根章介根據這個傳說，推測物品中應包含與宋人交易的大量書籍。又考其人除了正統的經史詩文外，對小說雜著之流也展現無比的興趣，特別值得注意的是，大江匡房談話背後的典故有部分來自唐代小說，如〈高祖母劉媼媼字事〉的話題來自李玫《纂異記》，〈仁和寺五大堂願文事〉的用典來自鄭處誨《明皇雜錄》，不過大江匡房詳細敘述故事，對於用典卻隻字未提依據來源，筆錄者提問典故來源時，他皆以「所見書可尋記，忘卻畢」、「所見書忘卻，可尋」略過不答。大曾根章介認為這些談話中的故事都是大江匡房引用出來的，不可輕信他忘記所見書籍的說法，在他所藏萬卷的書籍中，可能也包含著這些唐代雜書或小說。大曾根章介甚至推測志怪小說的寶庫《太平廣記》也可能是他的收藏之一。[32]

《太平廣記》在太平興國六年鏤版後，以「非學者所急」為由，墨板被收藏在太清樓並未刊印通行，直至南宋紹興時刊印發行後，《太平廣記》才逐漸流通起來。不過，北宋時期官方雖未正式發行，仍有部分朝廷士人讀過或收藏了《太平廣記》。推測士人得已閱得此書，可能是在太平興國三年，成書前的編修時期，或是書成後的太平興國三年至六年的鏤

---

32 （日）大曾根章介，〈大江匡房と說話・緣起〉，《日本漢文學論集》（東京：汲古書院，1998），頁378-389。

版期間被轉抄出去。[33]南北朝、室町時期的《異制庭訓往來》、《臥雲日件錄》等文獻可見《太平廣記》書名，[34]但此部書確切傳入日本的時間不明。由於目前尚無任何新出資料可支持大曾根章介的假設，因此大江匡房手中是否有《太平廣記》一事暫不列入討論。不過筆者以為，大曾根章介所指出宋本書籍的方向確是值得思考的一個切入點。

宋朝開國以來以文人治國，重視教育、注重文化產業的發展，自宋初起朝廷便致力蒐集因戰亂而散失的書籍，並將蒐羅來的本子鏤版刻印，收藏於館閣或刊印發行。國子監、民間書坊、藏書家都競相刻書，日傳萬紙，且價格低廉容易取得，使圖書廣為流通。而大江匡房晚年進行語錄作業的時間正值北宋末年，正是印本寫本大量流通，圖書產業發展已臻成熟的年代。

《江談抄》中有則談話，提到大江匡房曾向宋商購求宋人注唐人詩集，從這則記事可知他對宋人的出版品項有一定的瞭解，他所購入的宋人注杜詩集，為北宋當時通行的本子，顯示他能從宋商這個管道購買到北宋流通的宋人著述（見本書第六章）。目前《江談抄》的相關研究，並未討論到宋、日間活絡的貿易往來，及書籍廣泛流通所可能帶來的影響。

---

33 張國風，〈《太平廣記》在兩宋的流傳〉，《文獻季刊》4（2002.10），頁 101-105。凌郁之，〈《太平廣記》的編刻、傳播及小說觀念〉，《蘇州科技學院學報（社會科學版）》22.3（2005.8），頁 73-77。

34 （日）大庭脩，〈古代中世における中国典籍の輸入〉，《古代中世における日中関係史の研究》（東京：同朋社出版，1996），頁 320。（日）森克己，〈我が能動的貿易の展開〉，《新訂日宋貿易の研究》（《新編森克己著作集》，東京：勉誠出版，2008），頁 156。

而梳理北宋，特別是北宋末年圖書買賣、傳播的概況，有助
瞭解宋型文化、學術與《江談抄》間的關係。下節將在概觀
宋、日貿易及平安朝漢籍的輸入狀況後，進一步說明宋代的
出版業對文學、學術發展的影響。

五、北宋書籍輸入日本概況

　　日本自舒明天皇二年（630）起的二百六十多年間，總計
派遣過十五回的遣唐使。寬平六年（894）菅原道真上奏廢止
遣唐使後，擔任中日間交流往來的角色便以僧侶及宋代商人
為主。在日本朝廷的管理下，嚴格禁止僧人擅自出國，僅有
目的為巡禮天台山、五臺山等佛教聖地者才能申請入宋。

　　在歷經唐末、五代的戰亂後，宋代的產業在政府安定的
統治下逐漸復甦。宋代在廣州、泉州、杭州、明州等地設有
市舶司，對外貿易極為興盛，絲織品、瓷器、藥品、染料、
銅錢、書籍等皆是對外輸出的商品。特別是高級的絲織品、
瓷器等工藝品，深受平安貴族的歡迎，需求強勁，於是追求
貿易利潤的宋代商人頻繁往來於兩國之間進行商品交易。宋
商首次至日本進行貿易活動的記錄始於 978 年，現存史料中
尋得的宋船往航記錄，至少也超過了百回。[35]

---

35 森克己認為延喜之後，日本的對外政策採取消極管理的封閉態度。而
　榎本涉則認為應反向思考，平安朝廷對貿易管理長達三個世紀，若只
　強調消極的一面並不妥當，應注意的是在國家的管理下，對海商的貿
　易活動產生了什麼影響。（日）森克己，〈日宋貿易に活躍した人々〉，
　《續日宋貿易の研究》（《新編森克己著作集》，東京：勉誠出版，
　2008），頁 231-249。

　　東大寺的奝然（938-1016）在 983 年時搭乘宋商陳仁爽的商船入宋，他向宋太宗獻上《孝經》一卷，越王《孝經新義》第十五一卷。而宋太宗便以當時新刊的《大藏經》五千四十八卷、新譯經四十一卷贈予奝然。寬和八年（986）奝然搭鄭仁德的商船回到日本，[36]這是宋刻書籍傳入日本的最早記錄。

　　遣唐使雖然被廢止，但是強勁的貿易需求，仍帶動宋、日兩國間旺盛的商品交易往來。除了香料、織物、工藝品等商品之外，平安貴族對漢籍的需求也未曾降低。宋商爲了與當朝的權貴保持良好的關係，也會以贈書的方式疏通政商管道。寬弘三年（1006），宋商曾令文贈送藤原道長（966-1027）摺本《五臣注文選》、《白氏文集》：

　　　　廿日，己丑，參內，著左仗座。唐人令文酒及蘇木茶
　　　　院〔垸カ〕等持來。《五臣注文選》、《文集》等持
　　　　來。（《御堂關白記》，寬弘三年十月廿日條）[37]

　　（日）榎本渉，〈研究の現状と問題関心〉，《東アジア海域と日中交流 — 九〜十四世紀 — 》（東京：吉川弘文館，2007），頁 15-16。（日）山内晋次，〈日宋貿易の展開〉，收錄於（日）加藤友康編，《日本の時代史 6 摂関政治と王朝文化》（東京：吉川弘文館，2002），頁 261-295。

36 奝然安置在嵯峨清涼寺的釋迦如來像胎內，發現了奝然親筆所書的「入宋求法巡禮行並瑞像造立記」明確記載了宋太宗賜下的藏經卷數及新譯經卷數。（日）大庭脩，〈僧侶と漢籍〉，《漢籍輸入の文化史》（東京：研文出版，1996），頁 69。

37 （日）藤原道長，《御堂関白記》（《日本古典全集》，東京：日本古典全集刊行会，1926），上卷，頁 124。

藤原道長則在寬弘八年將《白氏文集》、《五臣注文選》獻給一條天皇。長和二年（1013）九月，入宋僧念救回朝，贈送藤原道長「摺本」《白氏文集》，以及《天台山圖》：

> 十四日，癸卯。入唐寂昭弟子念救，入京後，初來。志摺本《文集》，并〈天台山圖〉等。召前，問案內，有所申事，又令覽。從天台，送延曆寺物，天台大師形、存生時袈裟、如意、舍利壺等、牒等。又獻寂昭，元澄書。又天台僧二人，在大宰唐人等書。（《御堂關白記》，長和二年九月十四日條）[38]

藤原道長的日記《御堂關白記》裡的「摺本」，又被稱爲「唐模本」，也就是宋代的印刷本。平安朝的貴族十分重視這些新刊的漢籍，甚至特地在自己的宅邸展示剛自海外購得的宋本書。如藤長道長之子藤原賴通在長元二年（1029）三月，聽聞大中臣輔親擁有大量新進的宋本書籍，爲了一閱新進的書籍，藤原賴通特地赴大中臣輔親（954-1038）宅邸翻閱宋本書。四月一日，大中臣輔親更將「摺本」《廣韻》、《玉篇》、《白氏文集》獻給藤原賴通。[39]

成尋（1011-1081）在 1072 年入宋，據他所撰的《參天台五臺山記》，他將在旅宋期間所得到佛典、漢籍、地圖、

---

38 （日）藤原道長，《御堂關白記》（《日本古典全集》，東京：日本古典全集刊行会，1926），下卷，頁 83。

39 （日）大庭脩，〈平安時代的讀書人〉，《漢籍輸入の文化史》（東京：研文出版，1996），頁 54。

日曆等出版品，托弟子帶回日本，分別交予友人或供奉在寺院裡。

藤原賴長（1120-1156）的日記《宇槐記抄》，記錄宋商劉文沖贈他《東坡先生指掌圖》二帖、《五代史記》十帖、《唐書》九帖，於是藤長賴長以砂金三十兩爲謝禮，並提出一份以儒家經典爲主的購書目錄委託劉文沖代爲採購。[40]森克己指出，貴族日記裡偶見「新渡唐本」的文字，指的就是宋刻本。[41]高津孝依中國印刷發展史的研究指出，在仍是以寫本文化掛帥的年代，印刷精美、校勘嚴謹的宋刻本，特別是國子監的印本評價極高，因而引起平安貴族、學者的注意。[42]

當時往來兩地的宋商所攜帶的物品裡，除了平安貴族所需的奢侈品外，也包含了宋代刊行的圖書。但平安中期以後，佛教典籍外的漢籍輸入，只能從高階貴族的日記，或平安末期學者藤原通憲的《通憲入道藏書目錄》等書籍目錄，偶拾宋本書籍的記載。

在《通憲入道藏書目錄》裡比較特別的是書目中出現了語錄體筆記 —— 《楊文公談苑》。如上所述，此書在北宋神宗時，入宋僧成尋便已令弟子帶回日本，收藏於宇治的平等院。另有一內容不明的書籍爲《宋人密語》，[43]從書名判斷

---

40 （日）大庭脩，〈平安時代の読書人〉，《漢籍輸入の文化史》，（東京：研文出版社，1997），頁 40-62。

41 （日）森克己，〈我が能動的貿易の展開〉，《新訂日宋貿易の研究》（《新編森克己著作集》，東京：勉誠出版，2008），頁 154。

42 （日）高津孝，〈書籍〉，《增補日宋文化交流の諸問題》，（《新編森克己著作集》，東京：勉誠出版，2011），頁 387-395。

43 （日）藤原通憲，《通憲入道藏書目錄》，（《群書類從》，東京：續群書類從完成会，1959），頁 188-199。

應是語錄體一類的雜書。《楊文公談苑》是楊億口述、黃鑑
筆錄、宋庠整理的語錄體筆記，佐藤道生曾提過《楊文公談
苑》與大江匡房口述、藤原實兼筆錄的《江談抄》十分雷同，
他雖已注意到二者的近似，但相關內容僅在注文中陳述，並
未進一步調查。[44]

　　北宋因圖書的大量流通，改變士人的讀書習慣、促成考
據學風的盛行，而《江談抄》亦多載以詩文為中心的考據記
事，大江匡房的談錄內容和宋代學術型態近似，而此一型態
的記事在日本又首見於《江談抄》（詳見本書第二章）。在
宋、日貿易活絡的大環境下，當代北宋圖書產業的發展、轉
變，以及對士人治學的影響，是歷來《江談抄》研究未曾關
切的主題。下節將梳理宋人出版品流通的概況，及對治學型
態改變的影響，藉以補全《江談抄》研究所欠缺之處。

六、宋代書籍流通與學術風尚的變遷

（一）雕版印刷的黃金時代

　　雕版印刷在唐時便已問世，多應用在日曆、佛經的印刷
上，至北宋時，印刷的技術更臻上層。宋代推行右文崇儒的
政策，以文人治國且十分重視教育，京城有國子學，地方有
郡縣學及書院，學生眾多，加上科舉取士，士人、學生對書
籍的需求量大，亦推進圖書出版事業的發展。北宋初年朝廷
即致力蒐集在唐末五代戰亂中散失的書籍，鼓勵民間獻出藏

44　（日）佐藤道生，〈匡房と寂照〉，頁67。

書，整理校勘古籍並加以抄寫收藏於館閣。

　　北宋朝廷除了傾全力蒐羅補充圖書外，更大力提倡書籍的刻印。宋初時藏書約只有萬卷，至仁宗時已有三萬多卷。真宗時提倡雕版印刷，景德二年（1005），國子監的書版已達十餘萬，「國初不及四千，今十餘萬，經、傳、正義皆具。臣少從師業儒時，經具有疏者百無一二，蓋力不能傳寫。今版本大備，士庶家皆有之，斯乃儒者逢辰之幸也。」[45]由此可知印本圖書至真宗朝時數量大幅增加。仁宗景祐中（1034-1037）編纂《崇文總目》，所著錄藏書已達三萬多卷。宋・羅璧言「宋興，治平以前猶禁擅鏤，必須申請國子監。熙寧後，方盡弛此禁。然則士生於後者，何其幸也。」[46]神宗熙寧（1068-1077）以後解除民間擅刻書籍之禁令，出版更為自由，加速圖書的流通數量。元人吳澄言「宋三百年間鋟板成市，板本布滿乎天下，而中秘所儲莫不家藏而人有。……學者生於今之時，何其幸也。無漢以前耳授之艱，無唐以前手抄之勤，讀書者事半而功倍宜矣。」[47]

　　宋初時雕版印刷雖然興起，但書籍仍以抄本為主，印本較少，傳統的抄本、藏本仍十分受到重視，「（韓琦）少年家貧，學書無紙。……時印板書絕少，文字皆是手寫。」[48]隨

---

45 元・脫脫等，〈邢昺傳〉，《宋史》（北京：中華書局，1977），卷431，頁12798。

46 宋・羅璧，〈成書得書難〉，《識遺》（《四庫全書珍本十一集》，臺北：臺灣商務印書館，1981），卷1，頁4。

47 元・吳澄，《吳文正公集》（《四庫全書珍本二集》，臺北：臺灣商務印書館，1971）第4冊，卷34〈贈鬻書人楊良輔序〉，頁19。

48 明・焦竑，《焦氏筆乘續集》（北京：中華書局，2008），卷4〈韓忠獻〉，頁376。

著印刷術的普及，物美價廉的印本逐漸佔有一席之地。北宋真宗、仁宗提倡雕版印刷，印本數量雖然逐漸增加，不過並未取代抄本，「雕版印刷的普及時間約在南北宋交替之際」[49]，北宋晚年印本、抄本並行，圖書流通量大增於宋初。

　　北宋時雕印的品類極多，經、史、子、集、佛、道、醫藥等各類書籍無所不印，由於印刷本的大量印製，降低了成本，低廉的價格在市場極具競爭力，「日官亦乞模印歷日。舊制，歲募書寫費三百千，今模印，止三十千。」[50]在仁宗天聖二年（1024），以日曆為例子來看，印刷本的價格只有抄本的十分之一。印本較寫本價格相對低廉，且利潤頗高，自官方國子監、公使庫、民間書坊乃至寺廟都競相刻書，使書籍流通量大增。

> 刻書印賣有利可圖，故開封、臨安、婺州、衢州、建寧、漳州、長沙、成都、眉山，紛紛設立書坊，所謂「細民亦皆轉相模鋟，以取衣食」。至於私家宅塾以及寺廟，莫不有刻，故宋朝官私刻書最盛，為雕版印刷史上的黃金時代。[51]

　　熙寧之後刻書不須再向國子監申請許可，民間擅刻書籍

---

49 曹之，〈宋代私人藏書之盛〉，《中國印刷術的起源》（武昌：武漢大學出版社，1994），頁 368。
50 宋・李燾，《續資治通鑑長編》（北京：中華書局，2004），卷 102，頁 2368。
51 許瀛鑑，〈宋朝雕版印刷術的發展〉，《中國印刷史論叢》（臺北：中國印刷學會，1997），頁 43。

的禁令解除，神宗、哲宗時，民間書坊、私家雕印極爲繁榮興盛，不斷擴展雕印的品類，由於私家刊書日益增多，至徽宗時甚至需要向私家刊書者索取印造學者自著之書及文集。[52]而文學、學術著述也成爲可鬻賣得利的商品，名人的文集更是獲利保證。北宋王琪曾於嘉祐四年（1059）刻印家藏的杜甫詩集十八卷，士人爭相購買，而賺得的利潤除用來支付官廳的修繕費用外，仍有剩餘可招待宴飲。又如北宋王禹偁的《小畜集》，「每售出一部《小畜集》，即有 233%之高利潤」，[53]蘇軾本人未校定的文集，甚至被出版商擅自鏤版刊印，販賣至北方的遼國。

（二）考證學風的盛行及詩話筆記的流行

印本的普及，也逐漸改變了士人的讀書型態。蘇軾在〈李氏山房藏書記〉敘述從前抄本極難取得，十分珍貴，讀書人必定親手抄寫日夜苦讀，但「近歲市人轉相摹刻諸子百家之書，日傳萬紙」，印本的興起，使學者可以輕易取得大量的書籍，不需像前人花上極長的時間來抄寫：

> 余猶及見老儒先生，自言其少時，欲求《史記》、《漢書》而不可得，幸而得之，皆手自書，日夜誦讀，惟恐不及。近歲市人轉相摹刻諸子百家之書，日傳萬

---

52 宿白，〈北宋汴梁雕版印刷考略〉，《唐宋時期的雕版印刷》（北京：文物出版社，1999），頁 39-71。
53 張高評，〈印刷傳媒對宋代學風文教之影響〉，《印刷傳媒與宋詩特色 —— 兼論圖書傳播與詩分唐宋》（臺北：里仁出版社，2008），頁 88。

紙。學者之於書，多且易致如此，其文詞學術，當倍
蓰於昔人。而後生科舉之士，皆束書不觀，遊談無根，
此又何也。（〈李氏山房藏書記〉）[54]

較晚的葉夢得（1077-1148）對印本數量逐漸增加，士大
夫不再珍惜舊抄本一事感到憂心。在沒有印本的時代，藏書
皆以抄錄為主，因抄錄傳本困難，學者校對仔細，誦讀精詳。
但現今鏤版雕印的圖書日漸增多，士人不用親自抄錄校對，
以相對便宜的價錢就能輕易購買到這些圖書，自然不如前人
重視古籍或下苦功勤讀。而未以善本刻印的印本，若有訛誤
也隨之傳遍天下，世人重視印本輕忽抄本，抄本因而日漸消
失，再也無法用以修正有訛誤的印本，

唐以前，凡書籍皆寫本，未有模印之法，人以藏書為
貴。人不多有，而藏者精於讎對，故往往皆有善本。
學者以傳錄之艱，故其誦讀亦精詳。五代時，馮道始
奏請官鏤六經板印行。國朝淳化中，復以史記前後漢
付有司摹印，自是書籍刊鏤者益多，士大夫不復以藏
書為意。學者易於得書，其誦讀亦因滅裂，然板本初
不是正，不無訛誤。世既一以板本為正，而藏本日亡，
其訛謬者遂不可正，甚可惜也。（《石林燕語》）[55]

54　宋·蘇軾，《蘇軾文集》（北京：中華書局，1986），卷11〈李氏山
　　房藏書記〉，頁359。
55　宋·葉夢得，《石林燕語》（北京：中華書局，1984），卷8，頁116。

王水照認爲宋代士人的研讀過程就是校抄過程，「以抄書爲讀書，已是中國知識分子相傳千餘年的閱讀狀態」，[56]因此面對印本的大量出現，產生了一種逆反心理，蘇軾等人的思考有其合理性，但士人「束書不觀」的說法卻有偏頗。和另一派人對印本帶來的便利稱幸的言論，恰成對比。並指出「印本的廣泛流傳的確避免了"耳受之艱"和"手抄之勤"的辛苦，大大改善了讀書條件，這爲宋代士人綜合型人才的大量湧現，宋代文學中"學者化"傾向的形成，奠定了基礎。」[57]

　　隨著雕版印刷的發展，印本的數量日漸增加，圖書大量流通於市場，除了改變了士人的讀書習慣外，也促成了學術風尚的改易。錢存訓指出「印刷術的普遍運用，被認爲是宋代經典研究的復興，及改變學術和著述風尚的一種原因。宋代是中國歷史上偉大的學術興盛時期之一，在經學、理學、史學、文學、美術、考古和技術方面的研究，都有特別的成就。……也表現在訓詁、校勘以至篇幅龐大的通史、方志、類書和目錄等的編纂活動上。」[58]

　　清水茂更指出，宋代以後，刊印本得到普及，書籍型態也由卷子本變爲冊子本，如此一來，學者可類聚觀之，同時檢閱多種書籍，考訂文獻典故。冊子本便於檢索的便利性，同時也促進了宋代考據學風的盛行，

---

56 王水照，〈作品、產品與商品 ── 古代文學作品商品化的一點考察〉，《文學遺產》，2007.3（2007.5），頁 10。

57 王水照，〈作品、產品與商品 ── 古代文學作品商品化的一點考察〉，頁 9。

58 錢存訓，〈印刷術在中國社會和學術上的功能〉，《中國紙和印刷文化史》（桂林：廣西師範大學出版社，2004），頁 356。

書籍的形態，則由卷子本變為冊子本，這樣不僅便於印刷，也便於閱讀，讀者不用像卷子本那樣必須從開頭逐頁讀去，而是可以任意翻閱自己想讀的地方，從而使檢索成為可能。於是在傳統的注釋之外，又出現了參考其他書籍的 "新注"，考證的學風也由此產生。[59]

圖書流通量大增，日傳萬紙，因此學者接觸、累積到的知識量也倍增於前人。張高評認為宋代詩話筆記的崛起，是印刷傳媒的效應之一。詩話筆記可分享讀書心得，提出詩學主張，評論詩人詩作，因為宋代圖書流通便捷，學者可會通諸家，擷取優長，提出精闢透切的論述。[60]隨著唐人別集、評注、詩選的大量雕印，宋人論述、評論唐人詩作的詩話筆記也隨之次第刊行：

古籍整理、雕版印刷、圖書流通、閱讀接受、知識傳播，五者循環無端，交相反饋，形成宋代印本文化之網路系統。就宋詩追蹤典範，擷取優長，到新變代雄，自成一家之歷程而言，近程目標是學古學唐，表現方式有三：其一，編輯唐人別集；其二，評注唐詩名家；其三，宋人選編唐詩。其次，為閱讀唐詩，撰成詩話筆記，推崇唐詩宗風，分享讀詩心得。於是有關唐人

---

59 （日）清水茂著，蔡毅譯，〈印刷術的普及與宋代的學問〉，《清水茂漢學論集》（北京：中華書局，2003），頁 98。
60 張高評，〈印刷傳媒對宋代學風文教之影響〉，頁 576。

之別集、評注、詩選、詩格，皆先後雕印，攸關唐代
詩學論述之詩話筆記亦次第刊行，雕版印刷提供宋人
閱讀、學習、接受、宗法唐詩之諸多便利途徑。宋人
作詩之學唐變唐，宋代詩話筆記之提倡學唐變唐，得
印本圖書流通之便利，方能功德圓滿，水到渠成。[61]

　　而名人學者的筆記，也是書坊販售的商品之一。前述《楊
文公談苑》一書，是入宋僧成尋入宋時，在新年期間於首都
汴梁市坊購得。當時民間雕印事業繁榮，《東京夢華錄》便
記載了汴梁相國寺東門大街書鋪林立的盛況。

　　成尋（1011-1081）的入宋日記《參天台五臺山記》，記
錄時間自延久四年（1072）三月十五日搭宋人商船入宋，至
隔年六月十二日為止。其中神宗熙寧六年正月一日至三日
間，成尋記錄了弟子惟觀所購買的物品。這三天內惟觀的購
買清單，有新曆、天下郡譜五姓括、蜀程圖、茶具、傳燈語
要、姓氏譜、百官圖、太上老君枕中經、京州圖等，其中還
包括《楊文公談苑》一書：

　　　惟觀買來新曆二卷　六十文、《天下郡譜五姓括》一
　　　部、《蜀程圖》一帖、茶器十口百五十。（《參天台
　　　五臺山記》，熙寧六年正月一日條）[62]

---

61 張高評，〈印刷傳媒對宋代學風文教之影響〉，頁 16。
62 （日）成尋，《參天台五臺山記》，（《大日本佛教全書》，東京：
　　名著普及会，1984），卷 6，頁 107。

> 惟觀等買來曆一卷、《傳燈語要》三卷、《楊文公談
> 苑》三帖、《百官圖》二帖、《太上老君枕中經》一
> 帖。(《參天台五臺山記》,熙寧六年正月二日條)[63]

> 惟觀買來曆一帖、《京州圖》一帖。(《參天台五臺
> 山記》,熙寧六年正月三日條)[64]

　　《楊文公談苑》是楊億(974-1020)口述,門人黃鑑筆
錄的語錄體筆記。初名《南陽談藪》,後經宋庠整理刪訂分
為二十一門,改名為《楊文公談苑》(1042)。成尋在宋期
間經由各個管道所獲得的書籍,交由弟子帶回日本,分別供
奉在宇治平等院、岩倉大雲寺,或交予朋友收藏。而《楊文
公談苑》一書則是供奉在宇治的平等院,[65]《參天台五臺山
記》熙寧五年十一月條,提到了成尋的前輩奝然、寂照等入
宋僧的相關事蹟,這可能是他吩咐弟子購買此書的主因:[66]

> 廿九日、癸卯、天晴。於梵才三藏房,見奝然法橋并

63　(日)成尋,《參天台五臺山記》,卷6,頁107。
64　(日)成尋,《參天台五臺山記》,卷6,頁108。
65　《百官圖》二帖、《百姓名》帖、《楊文公談苑》三帖八卷、《天州
　　府京地里圖》一帖、《傳灯語要》三帖,宇治御經藏奉納。《法華音
　　義》一卷,大雲寺經藏奉納。《唐曆》一帖、《老君枕中經》一帖、
　　《注千字文》一帖,以上進上日本左大臣殿。曆一卷進上民部卿殿。
　　《寒山寒(詩)》一帖、曆一卷,進上治部卿殿,且預惟觀了。《永
　　嘉集》一卷、《證道歌注》一帖、《泗州大師傳》二卷、《廣清涼傳》
　　三帖、《古清涼山傳》二卷、《入唐日記》八卷,送石藏經藏。(日)
　　成尋,《參天台五臺山記》,卷6,頁116。
66　(日)藤善真澄,〈成尋和《楊文公談苑》〉,《參天台五臺山記の
　　研究》(大阪:関西大学出版部,2006),頁444-471。

寂照大師來唐日記，即借取，書取《楊文公談苑》，
如右。公言：「雍熙初，日本僧奝然來朝，……」（《參
天台五臺山記》，熙寧五年十一月條）[67]

　　由於北宋末年的戰亂，導致大量文獻書籍亡佚，北宋時
刊刻的印本極少流傳下來，因此，多需自一些文獻史料補充
圖書的刊刻狀況。以下另一筆詩話筆記的刊刻資料則與元祐
黨爭的禁毀令相關：

丁巳，詔焚毀蘇軾《東坡集》并《後集》印板。（《續
資治通鑑長編拾補》，崇寧二年四月丁巳條）[68]

乙亥，詔三蘇集及蘇門學士黃庭堅、張耒、晁補之、
秦觀及馬涓文集、范祖禹《唐鑑》、范鎮《東齋記事》、
劉攽《詩話》、僧文瑩《湘山野錄》等印版、悉行焚
毀。（《續資治通鑑長編拾補》，崇寧二年四月乙亥
條）[69]

　　北宋新舊黨爭激烈，哲宗、徽宗實施元祐黨禁，並全面
禁毀元祐學術，司馬光、蘇軾等元祐舊黨的文集皆遭禁。崇
寧二年（1103）朝廷頒佈焚毀元祐黨人三蘇，及蘇門黃庭堅、

---

67 （日）成尋，《參天台五臺山記》，卷5，頁105。
68 宋・李燾著，清・黃以周輯補，《續資治通鑑長編拾補》（北京：中
　　華書局，2004），卷21，頁739。
69 宋・李燾著，清・黃以周輯補，《續資治通鑑長編拾補》，卷21，頁
　　741。

張耒、晁補之等人的文集及印版，所列禁毀書版包含了元祐黨人的詩話、筆記、史論、文集等著述。朝廷雖下令禁毀，但實際上成效如何則不得而知，如蘇軾的文集因黨禍被禁，但禁愈嚴反而傳得越多。

從〈崇寧二年四月乙亥條〉的禁令可知，如《東齋記事》、《詩話》、《湘山野錄》此類包含讀書心得、詩文評論、掌故考據、宦遊回憶的隨筆雜錄，和別集、詩選相同，也皆雕印刊行。大江匡房自大宰府返回京都進行談錄的時期，已是北宋末年，離藤原道長收到宋刻本《白氏文集》的時期已將近百年，北宋晚年的出版情況與早期相差甚大，印本更為普及，加上並行流通的印本，圖書的發行數量遠勝前代。

依北宋晚年出版業的繁榮盛況來看，大江匡房既能取得宋人注的唐人詩集，若他對盛行於北宋的筆記雜著也感興趣的話，要取得這些筆記圖書實際上並不困難。

如筆者在序論所言，《江談抄》以詩文為中心的記事；特別是考據、訓詁、評論的詩話，與當時流行的宋人詩話筆記極為近似。為了進一步探討大江匡房與北宋詩話筆記的關聯，確認《江談抄》詩話是否受到北宋詩話的影響，本書將於第二章比對《江談抄》與北宋詩話型態，並分析歸納兩者共通的模式，考察北宋詩話對《江談抄》詩話形成之影響。

第二章　《江談抄》詩話與
北宋詩話[*]

一、前　言

　　《江談抄》是大江匡房在晚年令弟子藤原實兼筆錄其言
談的語錄體著述，此書除口述的記錄外，也夾載大江匡房自
筆的記述。《江談抄》記述的題材十分廣泛，而且內容種類
雜多，包括纂述貴族公卿間的瑣聞雜記、詩壇軼事、朝儀公
事、器物、音樂、怪異事件等等，信筆而記，沒有一定的規
範與順序。現存本可分為保留原始形態的「古本系」，以及
日本中世時，依談話的形態種類被重新編排過順序的「類聚
本系」。[1]

　　大江匡房對鄰國宋的動向高度關注，在當地（大宰府）
透過北宋商人接觸吸收北宋的資訊情報。日本的學者推測大

[*] 本文為筆者 97-99 年度國科會研究計畫之一部分，原計畫名稱為〈北
宋筆記對《江談抄》形成的影響〉，計畫編號：NSC
97-2410-H-003-144-MY3，特此致謝。
1 （日）後藤昭雄，〈《江談抄》解說〉，《江談抄・中外抄・富家語》
（《新日本古典文学大系》，東京：岩波書店，1997），頁 593-605。

江匡房在大宰府任期中（1098-1102），自宋朝的商人手上蒐集了大量的書籍。[2]不過實際上要掌握他的購書書目頗有難度，除了因爲他未留下書目外，他存放書籍的龐大書庫「江家文庫」，依據《兵範記》的記錄，「江家文庫」的珍貴書籍在仁平三年（1153）四月十五日，因祝融肆虐，致使書庫中的萬卷書籍全數焚毀：

> 午刻，出門外，見物皇后宮渡列之間，京方有火，齋王渡給之後，急歸洛。五條坊門以南，六條以北，東洞院以西，西洞院以東，皆以燒亡。其中因幡堂不免此難，火災之天孽雖不始之，緇素之愁歎只在今度。就中樋口町尻江家文庫，不能開闔。萬卷都書，片時為灰了。是朝之遺恨，人之愁悶也。（《兵範記》）[3]

　　由入宋僧或宋商人運入日本的現存書籍目錄可知，平安晚期（或稱院政期），時人購書的傾向以四書五經、史書、佛教典籍爲主。[4]宋刻本印刷精美、校訂嚴謹，國子監的印本

---

2 （日）大曾根章介，〈大江匡房と説話・縁起〉，《日本漢文学論集》（東京：汲古書院，1998），頁 387-389。
　（日）小峯和明，〈俊頼と匡房〉《院政期文学論》（東京：笠間書房，2006），頁 402-416。

3 （日）平信範，《兵範記》（《增補史料大成》，京都：臨川書店，1965），第 1 卷，頁 187。

4 從信西入道通憲的《通憲入道書目》，或藤原頼長記錄個人一年間（1149）的讀書目錄等，可看出貴族文人的需求仍是以史書、四書、五經及相關的注釋書爲主。見（日）大庭脩，〈平安時代の讀書人〉，《漢籍輸入の文化史》（東京：研文出版社，1997），頁 40-62。

更是政府公認的高品質出版品。當時宋版書深受平安貴族的重視，如藤原道長曾收到宋商贈送的宋刻本《白氏文集》（《御堂關白記》），大中臣輔親購入大量宋本書並於自家宅邸展示。文人貴族受宋書影響的其中一例，如藤原明衡所編的漢詩文集《本朝文粹》，其名稱就是仿自宋・姚鉉編纂的《唐文粹》。[5]而約在大江匡房晚年的北宋，圖書產業較宋初更爲興盛，印本、寫本並行，圖書大量流通且售價低廉，他本人便曾向宋商購入宋人注杜甫詩集。

平安朝的文壇以《文選》[6]、唐詩集，以及白居易的《白氏文集》等爲尊，未見對宋人詩文作品的重視。一般認爲，宋代文人的詩文著述對日本文學產生實際的影響，是在平安朝之後約二百年，透過禪僧推廣宋詩的五山文學時期。筆者以爲，在平安晚期，宋型文化是以詩話筆記的形式對文人的著作產生影響，而《江談抄》正是一個可以切入宋、日筆記文學研究的切點。

《江談抄》在日本被歸類爲「說話文學」，其中與漢詩文相關的故事，一般被稱爲「漢詩文說話」。在此書出現之前的說話作品，只有《日本靈異記》、《三寶繪詞》等佛教說話。一般來說，記載口耳相傳的異聞傳說即爲「說話」，廣義的「說話」包含日本神話、傳說，但實際上現今日本文學的文體分類，只將篇幅較短的單篇視爲「說話」。早期的

---

5 （日）大曾根章介，〈漢文学の展開〉，《日本漢文学論集》（東京：汲古書院，1998），頁 149。
6 唐朝《文選》學興盛，因此《文選》在奈良及平安朝被文人奉爲治學的圭臬。

「說話」作品只含上述《日本靈異記》、《三寶繪詞》等宣揚佛教因果報應、佛法靈驗的感應記，不過到了院政期，佛教感應記之外記述世俗、漢詩文的短篇故事問世，亦被歸類至「說話」的範疇，《江談抄》則是現存世俗說話中最早的作品。若跳脫體裁分類的框架，單以收載的內容來看，此書側重「世俗性質的說話」，和「漢詩文關聯的說話」，以文學發展史的角度來看，若視《江談抄》為繼承佛教說話之後所衍生出的說話作品，顯得十分突兀不自然。

綜觀保留初始形態的古本系《江談抄》，各篇長短不一，記事論詩，亦無嚴謹的編排次序，此一特色符合一般對筆記體書寫形式的定義。宋時文人間流行撰述詩話筆記，《江談抄》亦是一部包含大量詩話的筆記體著述，此書以此一形態問世應非偶然。由大江匡房的談話可知他購書管道暢通，且當時北宋圖書出版業一片繁榮，詩話筆記亦是出版流通的品目，他若對宋人詩話筆記感興趣，即可透過宋商取得圖書。但因他個人收藏的書目文獻不明，因此筆者嘗試以《江談抄》體例、詩話形態為研究角度，來比較分析《江談抄》與北宋詩話筆記間的關係。

由於中國筆記的起源可追溯至先秦諸子，其歷史淵源十分悠遠，歷代隨筆漫談的主題也遍及各種內容，為了確認《江談抄》與北宋筆記間的承襲關係，本章首先以《江談抄》中收錄的詩話群為主題來進行對照研究。

北宋時首創詩話專書，而宋文人隨筆雜錄的筆記之中亦多夾載文壇軼事，以及個人的讀詩心得、詩學主張等詩話，而《江談抄》的形式屬於後者，書內收錄為數相當可觀的中、

日文人詩話。小野泰央曾指出宋代詩話與《江談抄》頗有雷同之處，「詩歌論的發展，在唐以後的中國與院政以後的日本近似」。[7]中國詩話至宋時，其形態發展出與前代截然不同的特色，因此針對此書中收錄的詩話進行分析，除了可知《江談抄》詩話是否仿自北宋詩話，更有助釐清此書體例及內容是否仿自北宋筆記。

　　本章考察範圍以《江談抄》第四、五、六，與詩文相關的記事、談話為主，總計有 272 則。大江匡房以《和漢朗詠集》的詩句為對象，考據詩句用典或撰寫詩壇逸事，後世稱為「朗詠江注」[8]，其中有不少話數與《江談抄》第四、第六重複，此乃後人以類相從，編排進「類聚本」《江談抄》。[9]這些記事雖然被稱為「朗詠江注」，但並非注解《和漢朗詠集》的詩句，其內容性質實際上符合詩話的定義，[10]因此也

7　小野泰央概觀地點出兩宋的詩話與《江談抄》頗為類似。但可惜的是並未針對內容做更進一步的考察。（日）小野泰央，〈十二世紀に至る詩歌論の展開 ── 格式から詩話へ ── 〉，《中央大学国文》50（2007.3），頁 35-45。

8　（日）黑田彰、（日）伊藤正義、（日）三木雅博編著，《和漢朗詠集古注釈集成》（東京：大学堂書店，1989），第 1 卷頁 3-296 收錄朗詠本文，和類似旁注的形式抄寫在空白部分的「朗詠江注」。

9　類聚本《江談抄》第四的 45 則，第六的 20 則，合計 65 則的內容引自《朗詠江注》。（日）黑田彰，〈江談抄と朗詠江注〉，《中世説話の文学史的環境》（大阪：和泉書院，1987），頁 1-27。
　　山崎氏指出在日本中世時，可能有少部分匡房以外的朗詠注混入，但混入的是哪幾則目前無法確定，因此本章仍視現存的朗詠江注為匡房注。（日）山崎誠，〈和漢朗詠抄注後考〉，《中世学問史の基底と展開》（大阪：和泉書院，1993），頁 91-108。

10　（日）三木雅博，〈院政期における和漢朗詠集注釈の展開 ──《朗詠江注》から《和漢朗詠集私注》へ ── 1995 年 9 月〉，《和漢朗詠集とその享受》（東京：勉誠社，1995），頁 211-238。（日）佐藤

列入考察範圍。

　　以下首先從詩話的定義、北宋詩話的特徵及詩話翻案的
特定手法等角度進行探討。

二、宋詩話的定義與特色

　　關於詩話的定義，一般可分為廣義與狹義。以廣義而言，
最早可追溯至鍾嶸的《詩品》；而狹義的詩話，一般認為肇
始於歐陽修的《六一詩話》。郭紹虞承襲清代的章學誠之說，
依性質將詩話分為「論詩及辭」、「論詩及事」二類，並明
確界定出宋代詩話與早期詩話不同的特徵。本章的目的首要
在釐清《江談抄》詩話與宋詩話間的關係，而近年來詩話研
究的專論數量雖眾，唯以郭紹虞早年所明確提點的特徵最符
合本章章旨的推展，因此以下在檢討相關詩話時，首先以郭
氏之說概觀唐、宋詩話的區別，並援引相關詩話研究進一步
說明唐人、宋人詩話的特徵：

　　　　詩話之稱，當始於歐陽修；詩話之體，也創自歐陽修。
　　　　歐陽氏自提其《詩話》云：「居士退居汝陰而集以資
　　　　閒[11]談也。」他說「以資閒談」，便可知其撰述宗旨，

道生，〈「朗詠江註」の発端〉，《芸文研究》19.1（2006.12），頁
45-63。
　（日）佐藤道生，〈江注と詩注 —— 《和漢朗詠集》注釈の視点〉，
《国語と国文学》82.5（2005.5），頁 192-203。
11 宋・歐陽修，《六一詩話》，收錄於《歷代詩話》（臺北：木鐸出版
社，1982），上冊，頁 264 為「以資『閒』談」。

本不嚴肅。司馬溫公仿其例續之，也說「歐陽公文章
名聲雖不可及，然記事一也，故敢續書之。」所以詩
話之體原同隨筆一樣，論事則泛述聞見，論辭則雜舉
雋語，不過沒有說部之荒誕，與筆記之冗雜而已。所
以僅僅論詩及辭者，詩格詩法之屬是也；僅僅論詩及
事者，詩序本事之屬是也。<u>詩話中間，則論詩也可以
及辭，也可以及事。而更可以辭中及事，事中及辭。
這是宋人詩話與唐人論詩之著之分別。因此，宋人詩
話又往往走上考據或注釋一條路。</u>（《宋詩話輯佚》）[12]

　　「唐人論詩之著」如崔融《唐朝新定詩格》、王昌齡《詩
格》等，專論詩格詩法，也就是「論詩及辭」。而「論詩及
事」的類型，則如孟棨《本事詩》、范攄《雲溪友議》等記
述詩歌本事的著述。但宋的詩話除了跨涉「論詩及辭」、「論
詩及事」的領域外，更新添典故考據、字詞釋義等內容，這
便是唐與宋詩話最明顯的不同之處。另外，在「論詩及辭」
方面，唐、宋也有相異之處。「宋人之著重在理論批評，而
唐人之著重則偏於法式」，也就是說相對於唐人以論詩格、
詩法等作詩理論為主，重知性、思辯的宋人除了鑽研句法、
提出詩學主張外，更著眼於詩句的「評論」，這也成為宋詩
話的另一個特點[13]。張伯偉更指出詩話至宋代大量出現，也
意味著宋人對文學批評意識的覺醒。[14]

12　郭紹虞，《宋詩話輯佚》（北京：中華書局，1980）上冊，頁 2。
13　郭紹虞，《宋詩話考》（臺北：學海出版，1980），頁 67。
14　張伯偉，《中國詩學研究》（瀋陽：遼海出版社，2000），頁 269。

宋詩話的體裁源自筆記，撰寫詩話的動機與執筆態度，則以歐陽修在《六一詩話》中自述「以資閑談」爲代表，張葆全指出「這種漫談式的隨筆也就成了早期也是比較典型的詩話體製」。[15]歐陽修的《六一詩話》雖開詩話專書首例，但在專書的形式之外，北宋的筆記著述中也雜載了許多詩話，郭紹虞的《宋詩話輯佚》便是由宋代的筆記中蒐錄大量的詩話而成書，「北宋詩話創立風行之時，既與筆記無別，多論詩及事；此時之筆記著述，除論詩及事外，內容亦多論詩及辭，故雖無詩話之名，卻有詩話之實。」[16]《江談抄》便是筆記中雜載詩話的一部著作。書中所載錄的詩話，也可大分爲「論詩及辭」、「論詩及事」兩大範疇，而「論詩及辭」的詩話也兼及考據及注釋的內容。

在記述詩壇軼聞、詩歌本事的「論詩及事」方面：

> 隴山雲暗，李將軍之在家。穎水浪閑，蔡征虜之未仕。
> 清慎公辭大將狀　文時
> 　　或人夢，行役神依此句不弘於文時家云々。（《江談抄》第六・8）[17]

---

15 張葆全，《詩話和詞話》（臺北：國文天地雜誌社，1991），頁 3。另外，在宋詩的研究上，周裕鍇《宋代詩學通論》（四川：巴蜀書社，1997），頁 1-6，說明宋人重思辨、知性的特色與唐人相異，呈現在詩學上則是重句法、理論、氣格等詩學理論。中國詩話的發展史還可參照蔡鎮楚的《中國詩話史》（長沙：湖南文藝出版發行，2001）。

16 張高評，〈《春秋》書法與宋代詩學 —— 以宋人筆記爲例〉，《會通化成與宋代詩學》（臺南：國立成功大學出版組，2000），頁 57。

17 （日）大江匡房著，（日）山根對助、（日）後藤昭雄、（日）池上洵一校注，《江談抄・中外抄・富家語》（《新日本古典文學大系》，東京：岩波書店，1997），頁 538。

　　平安中期的文人菅原文時（899-981）為藤原實賴代撰〈為
清慎公請罷左近衛大將狀〉，文中「隴山雲暗」等佳句感動
了瘟神，因此瘟神散播疾病時刻意避過文時的宅邸。《古今
著聞集》收錄了《江談抄》的這則軼事，並增添了瘟神因為
文時的詩句可敬，經過文時家前作揖離去的敘述。[18]《江談
抄》中常見詩句擁有冥通鬼神的力量，或感動鬼神的詩話。
例如，《江談抄》另一則都良香詩話，其主旨亦在強調詩人
的佳句可感動鬼神，《撰集抄》、《十訓抄》、《北野緣起》、
《本朝一人一首》等皆有收載。

> 氣霽風梳新柳髮，冰消波洗舊苔鬚。　內宴・春暖　都良香
> 故老傳云，彼此騎馬人，月夜過羅城門誦此句。樓
> 上有聲曰，阿波禮云々。文之神妙自感鬼神也。（《江
> 談抄》第四・20）[19]

　　某個人在月夜下騎馬經過京都外城門的羅城門時，隨口
吟誦文章博士都良香（834-879）的詩句，樓宿在羅城門上的
幽鬼大為感動不禁發出了讚歎之聲。杜甫讚美李白詩文可驚
天地動鬼神的境界，在此被具象化成一則故老傳誦的佳話。
除了平安朝文人的詩壇軼事外，《江談抄》也收載不少中國
的詩話，如白居易、元稹、許渾、溫庭筠等唐人的詩歌本事，
也收有平安朝文人賞析唐人詩作的讀詩所得。影響平安文學

18　（日）橘成季，《古今著聞集》（《日本古典文学大系》，東京：岩
　　波書店，1966），頁126。
19　《江談抄・中外抄・富家語》（東京：岩波書店），頁510。

既深且遠的白居易，其相關的詩話數則居全書之冠。

在「論詩及辭」方面，特別是上述宋型學術風尚的表徵
——「詩話型式的文學批評」，在日本則首見於《江談抄》。
如下例菅原文時（菅三品）所撰〈尚齒會序〉中的「猶已衰
之齡」句，大江匡房評為如美女之病，無力而有餘情。此一
品評前代詩人詩句的風格，即符合郭紹虞所點出的宋詩話重
「評論」的特色：

> 又云：「菅三品尚齒會序，『猶已衰齡』之句，無力
> 而有餘情。如美女之病也。」（《江談抄》第六・34・
> 〈菅三品尚齒會序事〉）[20]

《江談抄》詩話中包含大江匡房評論的記事，約略整理
如下。記載前人的評論者則不包含在內：

第四・76，頁 516	寒瀨帶風薰更遠，夕陽燒浪氣還長。 　右承句，詞意清新，能傳象樣。可謂拾虬龍之片甲， 　得鳳凰之一毛者也。……
第四・77，頁 517	涯頭百味非自擣，浪上栴檀不待焚。 　右辭句雖滯，思風間發。或興味雖老，言泉流利。 　採彼補此，各有作者之旨。
第四・89，頁 518	文峰案轡白駒影，詞海艤舟紅葉聲。 　……又大府卿談曰……
第四・93，頁 519	摩訶迦葉行中得，妙法蓮花偈裏求。 　……大府卿答云……
第四・94，頁 519	真如珠上塵厭禮，忍辱衣中石結緣。 　……大府卿答云……
第四・113，頁 521	青山有雪諳松性，碧落無雲稱鶴心。 　許渾詩多一體也。……

---

20 《江談抄・中外抄・富家語》（東京：岩波書店），頁 541。

第四・125，頁 522	古渡南橫迷遠水，秋山西繞似屏風。 　又被命云……
第五・14，頁 528	〈菅家觀九日群臣賜菊花御詩讀樣事〉
第五・15，頁 528	〈菅家御作爲元稹之詩體事〉
第五・23，頁 529	〈月明水竹間詩腰句事〉
第五・47，頁 532	〈順在列保胤以言等勝劣事〉
第五・49，頁 532	〈本朝詩可習文時之體事〉
第五・62，頁 535	〈匡衡以言齊名文體各異事〉
第五・70，頁 536	〈左府與土御門右府詩事〉
第六・32，頁 541	〈菅家御序秀勝事〉
第六・34，頁 541	〈菅三品尙齒會序事〉

另外，考訂字句名物如：

> 花色如蒸粟，俗呼為女郎　順或云：「近日以粟為栗。
> 可怪之。檢文選注木名也」云々。（《江談抄》第四・
> 88）[21]

以及考據詩語的掌故用典等如：

> 又被示云：『齊名，「僕夫待巷，鷄籠之山欲曉」之
> 句，「僕夫」是前書儒林傳文』云々。（《江談抄》第六・
> 36・〈齊名序事〉）[22]

這一類的記事也佔有相當的比例。由於音訓、典故、用

21　《江談抄・中外抄・富家語》（東京：岩波書店），頁 518。
22　《江談抄・中外抄・富家語》（東京：岩波書店），頁 542。

字等考據相關記事數量頗多，在此只略舉幾例如下：

第四・40，頁 512	蒼苔路滑僧歸寺，紅葉聲乾鹿在林。 本作之，滑字或人訓云，狎。不可然云々。
第四・41，頁 512	胡角一聲霜後夢，漢宮萬里月前腸。 霜字此韻要須字也。然而犯大韻作之。
第四・50，頁 513	他時縱醉鴛花下，近日那離獸炭邊。 獸炭羊琇所作也。
第四・57，頁 514	可憐九月初三夜，露似真珠月似弓。 古人傳云：憐字訓樂也。避禁諱之時，可用件訓。
第五・3，頁 526	〈文集常所作炙手事〉 又問云：文集常所作炙手其義如何。被答云：淮南子事。不具記。
第五・21，頁 529	〈菅資忠算爲夏施詩事〉 又云：菅資忠算爲夏施詩，以玄紀之紀用平聲。與禮記說相違云々。
第六・36，頁 542	〈齊名序事〉 又被示云：齊名，「僕夫待巷，鷄籠之山欲曉」之句，「僕夫」是前書儒林傳文云々。
第六・55，頁 544	〈文選所言麝食柏而馨李善爲難義事〉 文選所言「麝食柏而馨」，李善以爲難義。而件書引集注本草文明件事。以之謂之，兩家博覽殆勝李善歟。……。

　　宋代圖書的大量流通，文人累積的知識量倍增於前人，更促成宋代文人的學者化，帶動經典研究、考據學的發展。宋人詩話筆記的治學多重考據、訓詁，這個形成在宋代的學術傾向，也表現在《江談抄》的詩話中。周勛初統整北宋詩話的主題內容，指出北宋初年，詩話中記載文壇軼事和考訂史實的比重較大，中葉以後談典故重學問，因此詩話多考據用事造語的出處。[23]如上表所示，大江匡房的詩話包含大量

23　周勛初，〈宋金元的文學批評〉，《周勛初文集》（南京：江蘇古籍出版社，2000），頁 241。

詩語用典的出處考據，顯示與北宋中葉後文人重視考據學的趨勢是一致的。

除此之外，大江匡房的詩話在書寫上，還具有一個和北宋詩話共通的特質，此一特質可藉由歐陽修撰《六一詩話》的緣由「居士退居汝陰而集，以資閒談也」來說明。歐陽修開宗明義表達他寫作詩話的目的，是告老退隱之後，整理他一生對詩文的感想心得，供作文人墨客閒談的話題。所以他期望的讀者群，「是有素養的詩家或賞詩者，這兩種身分在當時幾乎是合一的。既有這種預設，他在撰寫詩話時，自然就不需盡辭盡意，略略拈出即可獲得讀者的心領神會」，[24]所以即使詩話或有艱深隱晦的一面，但對擁有同等文學素養的讀者而言，理解上並無困難。

三木雅博氏指出「朗詠江注」的江注，並非是針對《和漢朗詠集》的詩歌逐句注解，而是撰寫詩歌背後的詩壇軼聞，或是考據難解的典故、詩語。這和後來釋信救的《和漢朗詠集私注》所採行逐句釋義的方式，本質上明顯不同。「朗詠江注」的記述片斷且隱晦難解，因為大江匡房設定的讀者是「漢學者」或是對漢學有相當知識的人。[25]另外不僅是「朗詠江注」，《江談抄》的學術語錄在撰寫上都有相同的傾向，

---

24 郭玉雯，〈宋詩話的性質〉，「宋代詩話的詩法研究」（臺北：臺灣大學中國文學研究所博士論文，1988.6），頁3。

25 （日）三木雅博，〈院政期における和漢朗詠集注釈の展開 ―― 《朗詠江注》から《和漢朗詠集私注》へ ―― 1995年9月〉，頁211-238。另外，佐藤道生也指出「朗詠江注」與其說是《和漢朗詠集》詩句的注釋，體裁形式更近於詩話。（日）佐藤道生，〈朗詠江註の視點〉，《日本文學》54.7（2005.7），頁12-21。

亦即大江匡房採取的立場和歐陽修以至其他宋詩話的作者相同，所預設的閱讀者是與他擁有相同文化、文學涵養的漢學者。

　　由以上內容概觀之，可知《江談抄》詩話的體裁、書寫，符合前述北宋詩話的特色。詩話至南宋後發展出嚴謹有系統的理論，和南宋時期的詩話相比，早期發展的北宋詩話以記事為主，「多瑣事趣聞的雜錄，顯示早期詩話偏重趣味，體製鬆散的特點，」[26]且十分重視語句的精鍊雕琢。蔡鎮楚指出早期詩話多如歐陽修的《六一詩話》，屬於閑談的隨筆，至末期以葉夢得《石林詩話》為過渡期，南宋的詩話如《白石詩話》、《滄浪詩話》等著作具有理論、系統的文學見解、美學觀點。北宋至南宋的詩話形式演變，是從零散、片斷式的詩論管見，發展成有系統的詩論專著。[27]再進一步比對《江談抄》，其中不少首見於此書的日本詩話，除了具有上述北宋詩話的特徵外，甚至連撰寫的模式、手法及旨趣也極為類似。

三、與北宋詩話共通的特色及模式

（一）工字改詩

　　唐人作詩，月鍛季鍊、雕琢字句，而宋人作詩也是「重視功夫，注意改詩」。[28]宋代詩話中常見到替他人更改詩語用字，使得詩境更臻上層的詩壇軼聞。如《王直方詩話》，

26　張健，〈《詩話總龜》中所展示的詩學評論〉，《詩話與詩評》（臺北：文津出版社，2006），頁 79。
27　蔡鎮楚，《中國詩話史》（長沙：湖南文藝出版發行，2001），頁 55。
28　張健，〈《詩話總龜》中所展示的詩學評論〉，頁 79。

收有劉攽原作的詩句「卻將雲氣望蓬萊」的「雲表」的「表」字，被王安石改爲「氣」字的軼事：

> 詩云：「璧門金闕倚天開，五見宮花落古槐。明日扁舟滄海去，卻將雲氣望蓬萊。」此劉貢父詩也。自館中出知曹州時作。舊云「雲表」，荊公改作「雲氣」。（〈評論門〉）[29]

《江談抄》中也常見爲人修字、改辭的詩話：

> 酈縣村閭皆潤屋，陶家兒子不垂堂。　菊散一叢金
>
> 善相公初作酈縣村閭皆富貸云々。心存可有褒譽之由。而菅家只美紀納言廉士路裏句，不被感此詩。宴罷退出時，相公不散鬱結，於建春門見尋菅家。仰云，富貨字恨不作潤屋。相公改作云々。（《江談抄》第四‧111）[30]

相傳三善清行（847-919）收載於《和漢朗詠集》的詩句「酈縣村閭皆潤屋」，原作爲「酈縣村閭皆富貸」。三善清行認爲自己寫出了傑作，但在文人群集的詩宴裡，當時文壇之首的菅原道真，卻只對紀長谷雄（845-912）的「廉士路裏」句青眼有加，對清行的作品不聞不問。詩宴結束後，清行心

---

29 宋‧阮一閱撰，《詩話總龜》（《古今詩話續編》，臺北：廣文書局，1973），卷 8〈評論門〉，頁 201。
30 《江談抄‧中外抄‧富家語》（東京：岩波書店），頁 521。

情鬱悶難解，私下詢問道真，於是道真指點他「富貴」改爲
「潤屋」二字較佳。此兩則詩話的旨趣皆在於，現在爲人傳
誦的名句，其實曾透過另一位高人的指點修改而提升境界。
時空背景人物不同，但鋪陳的模式相同。

　　另外，也有爲人改字、改句而招來怨懟的故事。平安中
期的文人；紀齊名（957-1000）與大江以言（955-1010）　爲
文壇競爭對手。具平親王（964-1009）[31]看過以言的詩句後出
手指導，使其詩句超越了紀齊名。紀齊名對親王改字一事，
事隔多年仍耿耿於懷，最後抑鬱以終（第四‧89，頁 518）。
雖然《江談抄》中常見工字改詩的詩話，但整體而言，《江
談抄》較宋詩話更多了份世俗較勁的味道，且十分強調詩作
與詩人的優劣順序。

　　此外，取人詩句爲己作的負面傳聞，也是大江匡房蒐集
的標的。東大寺僧奝然（938-1016）入宋時，謊稱文章博士
橘直幹「蒼波路遠雲千里，白霧山深鳥一聲。」的詩句爲自
己的作品，並擅自將句中的「雲」改爲「霞」，「鳥」改爲
「蟲」。宋人對此聯的評價是可算得上是佳句，但用「雲」、
「鳥」二字更佳：[32]

　　　　蒼波路遠雲千里，白霧山深鳥一聲。

　　　　　奝然入唐，以件句稱己作。以雲爲霞，以鳥爲蟲。

---

31 具平親王爲村上天皇皇子，博學多才，與其叔父兼明親王並稱爲前中
　書王（兼明親王）、後中書王（具平親王）。
32 取人詩句的負面詩話例，有《唐語林》引《國史補》，收載王維取人
　詩句的傳聞。宋‧王讜撰，周勛初校證，《唐語林校證》，（北京：
　中華書局，1987），卷 2，頁 178。

唐人[33]稱云，可謂佳句。恐可作雲鳥。（《江談抄》
第四・85）[34]

　　這則可算是醜聞的詩話，首見於《江談抄》之中，其目
的在透過宋人的評價來突顯橘直幹的才華，但同時也貶低了
奝然的品格。鎌倉時代成書的《古今著聞集》引用《江談抄》
的故事，並在文末添加一段感想，編者對身爲一代高僧奝然
的行徑頗不以爲然，但同時也對此則詩話的真實性感到懷
疑。到了江戶時期，奝然的盜句事件更引發許多爭論，如林
瑜在《梧窗詩話》[35]裡，鄙視奝然無才造假的行爲，而津阪
孝綽在《夜航詩話》中，[36]則認爲這則傳聞不可盡信，一代
名僧不可能如此惡劣地剽竊他人詩句，爲奝然喊冤。
　　《江談抄》內「工字改詩」的詩話數量也不在少數，多
半是在談及前朝掌故軼事時，夾雜工字或改詩的話題。如：

| 第四・5，頁 508 | 閉閣唯聞朝暮鼓，登樓遙望往來船。 |
| | 故賢相傳云：白氏文集一本詩渡來在御所。…… |

33 即使改朝換代，日本仍常以唐稱中國。江戶時期林愨的《史館茗話》
　　引用《江談抄》時，增添說明並修改部分內容，將唐人改爲宋人，全
　　文如下：
　　橘直幹遊石山寺詩曰：蒼波路遠雲千里，白霧山深鳥一聲。世人稱之。
　　後來僧奝然入宋，以此一聯爲己所作，雲改霞鳥改蟲以呈之。宋人
　　曰：佳句也。但以霞改雲，以蟲改鳥乎。奝然咲退。
　　見（日）池田四郎次郎編，《日本詩話叢書》（東京：鳳出版，1972），
　　頁 329。
34 《江談抄・中外抄・富家語》（東京：岩波書店），頁 518。
35 （日）林瑜，《梧窗詩話》（《域外詩話珍本叢書》，北京：北京圖
　　書館出版社，2006），頁 25。
36 （日）津阪孝綽，《夜航詩話》（《域外詩話珍本叢書》，北京：北
　　京圖書館出版社，2006），頁 67。

第四・42，頁512	班姬裁扇應誇尙，列子懸車不往還。 本上句庶人展籌宜相待云々。而後中書王被改作云々。
第四・52，頁513	九枝灯盡唯期曉，一葉舟飛不待秋。 此句下句作之，不能作上句。語合於朝綱，々々被諫曰：可作灯之由。仍所作。
第四・89，頁518	文峰案轡白駒影，詞海艤舟紅葉聲。 以言初作駒過影葉落聲云々。六條宮見草，被書白字之要由。仍改作云々。……
第四・124，頁522	遊子三年塵土面，長安萬里月花西。 僕問云：去年前帥季仲自常州被送詩畢。此句如何，遊子者其義無由，加之面字如何。……
第五・23，頁529	〈明月水竹間詩腰句事〉 又被命云：予近曾於右金吾亭作月明水竹間詩。腰句陸張池白兩家秋卜云句白字。江都督被命云：可改冷字歟云々。
第五・41，頁531	〈四條大納言野行幸屏風詩事〉 ……四條大納言野行幸屏風詩，德照飛沈雲夢月之句下三字，本者靈囿月卜被作タリ，後被改雲夢。
第五・66，頁535	〈匡衡獻策之時一日告題事〉 ……菅三品見之云：面疊渭濱之波，眉低商山之月卜可作卜被直云々。

（二）詩作的品評

在品評詩人詩作方面，北宋詩話的「評論」，主要以唐及北宋的詩作為評論對象。詩人的詩才高低或風格，常成為宋人閒談的主題。如歐陽修在《六一詩話》評梅堯臣、杜甫在詩作上各有千秋，即使善論者也不能評定優劣：

> 聖俞、子美齊名於一時，而二家詩體特異。子美筆力豪雋，以超邁橫絕為奇；聖俞覃思精微，以深遠閒淡為意。各極其長，雖善論者不能優劣也。（《六一詩

話》）³⁷

　　《江談抄》中記載，一條天皇朝中的著名學者藤原伊周
（974-1010）時常談到：同朝的藤原公任（966-1041）和藤
原齊信（967-1035）為詩壇上的勁敵，譬若相撲，即使公任
善擲也無法撲倒齊信，以日本的國技相撲，比擬兩人才華不
分軒輊。藤原公任為《和漢朗詠集》的編者，與藤原齊信和
另兩位公卿並稱為「一條朝的四納言」，精通和歌、管絃與
漢詩。

> 又帥殿常示云：「公任齊信可謂詩敵。若譬相撲者，
> 公任雖善擲不可撲齊信」云々。（《江談抄》第五・59・
> 〈公任齊信為詩敵事〉）³⁸

（三）詩人詩才的呈現形式

　　司馬光的《溫公續詩話》裡提到，唐李賀的「天若有情
天亦老」，至宋時石曼卿以「月如無恨月常圓」為對，堪稱
絕妙，時人以為此二人的才華足堪匹敵：

> 李長吉「天若有情天亦老」，人以為奇絕無對。曼卿
> 對「月如無恨月常圓」，人以為勍敵。（《溫公續詩

---

37 宋・歐陽修，《六一詩話》，頁 267。
38 《江談抄・中外抄・富家語》（東京：岩波書店），頁 534。

話》）[39]

《江談抄》中有一則類似的詩話，大江匡房曾祖父大江匡衡（952-1012）[40]以白居易的詩句「綠絲條弱不勝鶯」爲詩題作上句，並要求其堂兄弟大江以言（955-1010）續下句：

> 春娃眠足鴛衾重，老將腰疲鳳劍垂。
> 　　此詩題，弱柳不勝鶯云々。匡衡朝臣聞此題謂以言之，作上句七字。下七字可繼云々。以言次其末。二人共感歎，各終一篇。故件句共在二人集。（《江談抄》第四・48）[41]

文末說明因兩人共同合作的關係，這一聯句兩人的詩集皆有收錄。不過，目前流傳於世的大江匡衡詩集《江吏部集》並未收載大江匡房所言的詩句，而大江以言的詩集雖然早已散佚，但後世收錄此作的《新撰朗詠集》將作者題爲大江以言。以上、下句由不同人完成的手法形容兩人才華不相上下，這與前述李賀、石曼卿詩話的模式頗爲雷同。

（四）佳句傳誦的形式

《江談抄》中常見佳句摘錄的短篇，卻不附任何詩評的

---

39 宋・司馬光，《溫公續詩話》，收錄於《歷代詩話》（臺北：木鐸出版社，1982），上冊，頁 277。
40 《江談抄》的作者大江匡房的曾祖父。曾任東宮學士且獲得文章博士的頭銜。
41 《江談抄・中外抄・富家語》（東京：岩波書店），頁 513。

詩話，這種只摘句輯錄卻不說明緣由的形式源起自司馬光的《溫公續詩話》：

> 大名進士耿仙芝，以詩著，其第一聯云：「淺水短蕪調馬地，淡雲微雨養花天。」為人所稱。（《溫公續詩話》）[42]

> 鄭工部詩有「杜曲花香釀似酒，灞陵春色老於人」，亦為時人所傳誦，誠難得之句也。（《溫公續詩話》）[43]

　　這一型的詩話只摘不解，沒有評論或感想，只採錄當時在文人間頗受好評的詩句。不過詩話的作者主觀地節錄某些詩句，其實也透露出作者本身的喜好及認同。《江談抄》中也有不少此一類型的詩話，但在評價的呈現方式上，美化詩人的氛圍頗濃：

> 年年別思驚秋雁，夜夜幽聲到曉雞。　擣衣詩　後中書王
> 後中書王（具平親王）文藻，此詩以後萬人歎伏云々。
> （《江談抄》第四・8）[44]

> 拔提河浪應虛妄，耆闍崛雲不去來。　常住此說法　以言
> 或人云，此句文之神妙者也。（《江談抄》第四・

---

42 宋・司馬光，《溫公續詩話》，頁 280。
43 宋・司馬光，《溫公續詩話》，頁 275。
44 《江談抄・中外抄・富家語》（東京：岩波書店），頁 508。

45）⁴⁵

（五）以詩句得官、或受上位者賞識

　　《江談抄》中，詩句受上位者賞識進而得官的詩話共計四則。如下例，因詩才使天子破例提拔，說明詩才與仕途官運的正向相關。大江匡房是平安朝中以學者的身分官至二品的特例。實際上在貴族社會裡，官位多爲世襲，中下層的貴族要以自身的能力才華晉升仕途，是極爲困難的事。隨著藤原氏長期的把持朝政，文章經國的思想及學者的地位，漸漸不再受到重視。這些詩話的存在，也許反映著他身爲學者，希冀朝廷以文官治國，學術能受到重視的心理狀態。

> 青嵐漫觸粧猶重，皓月高和影不沈。　　省試御題、山明望
> 松雪　管在明
> 　古人曰：評定以前，延喜聖主詠此句彈御琴，諸儒
> 傳承令其第。（《江談抄》第四・17）⁴⁶

> 杜淹，國初為掾吏，嘗業詩。文皇勘定內難，詠鬪雞
> 寄意曰：「寒食東郊道，飛翔競出籠。（中略）」文
> 皇覽之，嘉嘆數四，遂擢用之。（《唐語林校證》）⁴⁷

45　《江談抄・中外抄・富家語》（東京：岩波書店），頁 513。
46　《江談抄・中外抄・富家語》（東京：岩波書店），頁 509。
47　王讜（約 1107 年前後在世）的《唐語林》有相當多詩話的類型與《江談抄》重複。《唐語林》中的詩話多綜引前代書籍，所以大江匡房的

　　另一則文才受上位者賞識的詩話，與《唐語林》中收錄的李賀詩話頗為相似。冷泉院舉辦花宴時，菅原文時擔任詩序的撰寫者。村上天皇苦等許久遲遲不見文時的詩序，於是起身欲離去，但聽到講師唸出詩序的首句「冷泉院者，萬葉之仙宮，百花一洞也」時，又決定留下來等待詩序的完成：

> 瑩日瑩風，高低千顆萬顆之玉。染枝染浪，表裏一入再入之紅。　　花光浮水上詩序　三品
>
> 此序冷泉院花宴也。序遲無極，主上欲還御。而依聞序首留給。萬葉仙宮百花一洞也云々。（《江談抄》第六・14）[48]

　　《唐語林》中，李賀呈詩欲見韓愈，當時韓愈剛送訪客離去，疲倦不已，欲解帶休息。門人呈上李賀詩作，才讀了首篇的《鴈門太守行》，韓愈立刻命人迎入李賀。這兩則詩話在情節鋪陳上類似，皆是上位者，在讀到或聽到作者的首句或首篇時，旋即打消原本欲離去或休憩的念頭：

> 李賀以歌詩謁韓愈，愈時為國子博士分司。送客歸，極困。門人呈卷，解帶，旋讀之。首篇《鴈門太守行》云：「黑雲壓城城欲摧，甲光向日金鱗開。」卻緩帶，

　　《江談抄》究竟是參閱《唐語林》，或是直接使用唐代的書籍撰寫詩話，仍須進一步考證。本條據周勛初考校「本條不知原出何書。《大唐新語》卷 8〈文章〉第十七亦載此事」。宋・王讜撰，周勛初校證，《唐語林校證》，卷 2，頁 115。

48 《江談抄・中外抄・富家語》（東京：岩波書店），頁 539。

命迎之。（《唐語林校證》）[49]

　　周勛初校「本條原出《幽閑鼓吹》。《太平廣記》卷 170 《雲溪友議》題作韓愈，汪紹楹案：『明鈔本作出《幽閑鼓吹》。』《類說》卷 43《幽閑鼓吹》題作〈雁門太守行〉。」[50]王讜的《唐語林》多集納前人著作，因此《江談抄》所收的這些詩壇軼事也可能與唐代筆記小說相關。

　　整體而言，從以上的例子可發現《江談抄》與北宋詩話，雖然登場人物、時空背景不同，但在故事的骨架、敘事的手法、以及主題意旨上，與北宋甚或是唐人詩歌本事的形態極為近似。如前所述，《江談抄》裡，考訂名物音訓、詩語掌故的詩話數量不在少數，而這個特色與北宋詩話相通，且在筆記雜著中，評論詩人詩作的文學批評形式，更是起始自北宋文人的詩話筆記。

　　再加上《江談抄》內泰半以上取材的詩話詩句，其相關的第一手資料只有收錄在《本朝麗藻》、《本朝文粹》、《菅家文草》、《江吏部集》等詩文集中的作品，《江談抄》成書之前，未見此一型態的詩歌本事存在，而日本許多流傳至近世的詩話，源頭皆會追溯至《江談抄》一書。雖然《江談抄》在日本體裁分類上被劃入「說話」作品，但大江匡房所著詩話參考的源頭並非來自前代的說話。

　　宋時文人之間盛行詩話、筆記的書寫，而一海之隔的大江匡房，在同一個時代留下數量如此龐大的詩話作品，不僅

---

49 宋・王讜撰，周勛初校證，《唐語林校證》，卷 3，頁 278。
50 宋・王讜撰，周勛初校證，《唐語林校證》，卷 3，頁 278。

形式定義與宋詩話相符，敍述風格又如此近似。雖然有部分詩歌本事可能取材自唐代筆記小說，但由以上諸多特徵來看，整體而言，《江談抄》詩話的體例與北宋詩話是一致的。

　　日本最早出現的漢文學專論是入唐僧空海的《文鏡秘府論》（820 成書）。此書是空海研究崔融《唐朝新定詩格》、王昌齡《詩格》、元兢《詩髓腦》、皎然《詩議》等書所編纂而成，是一本摘錄唐代詩論的作詩指導書。[51]池田四郎次郎主編的《日本詩話叢書》收入空海《文鏡秘府論》。但全書未含「論詩及事」，不見詩歌本事的內容，所以日本的詩話研究者，以前述詩話的狹義觀點，將《文鏡秘府論》排除在外，認爲日本最早的詩話著述爲五山禪僧虎關師鍊（1278-1346）《濟北集》中的〈詩話〉。[52]《濟北集》卷 11〈詩話〉，約收錄三十段的詩話。此書約成立在鎌倉末室町初期，中國已步入元代，而此書所記述的詩話理論承襲自南宋江西詩派的理論。[53]

　　《江談抄》的詩話題材以日本及唐人詩歌軼聞爲主，因

51　（日）濱田寬，〈《文鏡秘府論》──空海の文學觀〉，《国文学：解釈と鑑賞特集・弘法大師空海》66.5（2001.05），頁 65-72。

52　（日）揖斐高，〈詩話大概〉，收錄於（日）清水茂、（日）大谷雅夫、（日）揖斐高校注，《日本詩史・五山堂詩話》（《新日本古典文學大系》，東京：岩波書店，1991），頁 583-587。
　　（日）富士川英郎，〈詩話についての雜談〉，《新日本古典文學大系月報》8（1991.8），頁 1-4。
　　（日）和田英信，〈中国の詩話、日本の詩話〉，《お茶の水女子大学中国文学会報》25.4（2006），頁 1-16。
　　（日）和田英信，〈日本近世期の詩話について〉，《国文学：解釈と鑑賞》73.10（2008.10），頁 116-123。

53　（日）日比野純，〈《濟北集》卷十一〈詩話〉について〉，《中世文學》23（1979.3），頁 20-26。

此不容易立即和北宋詩話產生聯想。但此書中詩話的體例既仿自北宋詩話，表示大江匡房應是參閱北宋筆記中的詩話書寫形式進行日本詩話的創作。也就是說在五山文學時期之前，日本的平安晚期已出現受宋代文學影響的作品。

四、大江齊光的詩話

江家文庫雖然焚毀，但由以下一則字數極短的大江齊光詩話，除了能夠得知大江匡房詩話取材的書籍來源，也能一窺他吸收北宋詩話創作詩話的手法及意圖。實際上《江談抄》中有相當數量的詩話沒有足夠的文獻來證明其真實性，而與史實悖離的荒謬傳聞也不在少數。但是藉由某些杜撰、不符史實的詩話，反而可以進一步瞭解大江匡房創作詩話的手法。

《江談抄》中收錄不少關於大江一族的詩話。日本承和年間（834-847），朝廷設立文章院，由菅原家掌西曹，大江家掌東曹。自菅原家在朝中逐漸失勢之後，大江家一脈逐漸在文壇上取得穩定的地位，且文章博士輩出。大江音人、大江朝綱、大江以言、大江匡衡（大江匡房的曾祖父）等人皆頗負盛名，相關的詩話也出現在《江談抄》中。

大江齊光（934-987）是大江匡衡的叔父，曾任東宮學士為圓融天皇講讀《蒙求》，歷任大學頭、式部大輔、參議，為具實務能力的幹練官員。曾謁見宋真宗並被賜號為圓通大師的入宋僧寂照，便是大江齊光之子。和大江氏一族的才子朝綱、以言、匡衡等人相較，大江齊光在文壇上的聲名較不顯赫。大江匡房在他另一部著述《本朝往生傳》中，為大江

齊光兩個兒子立傳，但對其叔父略而不談，似乎對這位親戚的生平不感興趣。唯一的記事，只有《江談抄》中這篇極短的詩話：

> 機緣更盡今歸去，七十三年在世間。
> 　此詩，大江齊光卒去之後，良源僧正夢所見也。（《江談抄》第四‧100）[54]

　　大江齊光去逝後，良源大僧正夢見齊光出現於夢中吟誦此一詩句。良源大僧正（912-985）乃平安中期的高僧，爲天臺宗延曆寺座主，於天元四年（981）被任命爲僧官制中最高位的大僧正，號爲慈惠大師。《日本高僧傳要文抄》、《元亨釋書》等詳盡地記錄了良源平生的事蹟。根據《日本紀略》、《扶桑略記》等史書中的記錄，良源大僧正於永觀三年（985）辭世，而大江齊光則於兩年後的永延元年（987）去世。因此《江談抄》記述大江齊光早良源去世一事已是杜撰，而此故事其實有另一完全相反的版本存在。《僧綱補任抄出》記載此詩是大江齊光在良源逝世後，於夢中夢見此詩「七十三年在人間，化緣既盡還本土」，與事實正好完全相反：

> 六日乙丑，參議正三位大江朝臣齊光薨。年五十三
> （《日本紀略》後篇，永延元年十一月條）[55]

54　《江談抄‧中外抄‧富家語》（東京：岩波書店），頁520。
55　撰者不詳，《日本紀略》（《新訂增補国史大系》，東京：吉川弘文館，1965），頁163。

> 永觀三年乙酉正月三日，<u>座主大僧正良源遷化，年七</u>
> <u>十四</u>，諡號慈惠，近江國淺井郡人也。（《扶桑略記》，
> 寬和元年條）[56]

> 寬和元年正月三日卯時，（中略）遂入滅，（中略）
> 時春秋七十四，同正月三日後夜，<u>參議大江齊光夢想</u>
> <u>云，七十三年在人間，化緣既盡還本土</u>云々，賜諡號慈
> 惠。（《僧綱補任抄出》）[57]

　　這一篇很顯然是杜撰的故事，而且兩相比較，可發現《僧
綱補任抄出》所載詩句被大江匡房修改後作爲大江齊光的詩
話。但杜撰歸杜撰，大江匡房顛倒《僧綱補任抄出》中的記
錄意義何在？在錢易的《南部新書》（1008-1016 成書）中，
有一則頗爲類似的詩話：

> 鄭顥嘗夢中得句，云：「石門霧露白，玉殿莓苔青。」
> 續成長韻。此一聯杜甫集中詩。（《南部新書》已）[58]

　　《南部新書》中所載鄭顥於夢中所得之句，其實是杜甫

---

56 （日）皇圓，《扶桑略記》（《新訂增補國史大系》，東京：吉川弘
　　文館，1965），「寬和元年（985）」條，頁 255。
57 僧綱是治理佛教教團的僧官總稱，〈僧綱補任〉則記錄了僧侶的僧名、
　　任免與略傳等內容。群書類從本的《僧綱補任抄出》註記原作者爲惠
　　珍、原書 12 卷，深賢抄錄出的略本 2 卷，即爲現存的《僧綱補任抄
　　出》。（日）惠珍著，（日）深賢抄出，《僧綱補任抄出》，（《群
　　書類從》，東京：續群書類從完成會，1932），頁 520。
58 宋・錢易，黃壽成點校，《南部新書》（《唐宋史料筆記叢刊》，北
　　京：中華書局，2002），頁 88。

的詩句。而前述《江談抄》中，良源僧正所夢見之句，其實為已逝的大江齊光作品。乍看之下，兩者的構文及旨趣雖然相似，但深入追查後，便會發現這兩則詩話的主旨迴然不同。

鄭顥是唐宣宗時進士，宣宗女萬壽公主的駙馬。鄭顥曾在夢中夢見與十數人相與作詩，但醒後只記得十字「石門霧露白，玉殿莓苔青」。他認為這詩句十分不祥，也不敢告訴他人，因為杜甫曾以「石門霜露白，玉殿莓苔青」（〈橋陵詩〉），描繪帝王辭世後宮殿淒清的景象。直到宣宗駕崩之後，他才悟出先前夢境的意涵，而用這十字另續成詩一首：

> 祗德子顥，登進士第，結綬弘文館校書。遷右拾遺、內供奉，詔授銀青光祿大夫，遷起居郎。尚宣宗女萬壽公主，拜駙馬都尉。……嘗為師序曰：「昏然晝寢，夢與十數人納涼於別館。館宇蕭灑，相與聯句。予為數聯，同遊甚稱賞。既寤，不全記諸聯，唯省十字云『石門霧露白，玉殿莓苔青』，乃書之于楹。私怪語不祥，不敢言於人。不數日，宣宗不豫，廢朝會，及宮車上儐，方悟其事。追惟顧遇，續石門之句為十韻云：『間歲流虹節，歸軒出禁扃。奔波陶畏景，蕭灑夢殊庭。……』」未幾，顥亦卒。（《舊唐書》）[59]

先帝昔晏駕，茲山朝百靈。崇岡擁象設，沃野開天庭。

---

59 後晉・劉昫等撰，《舊唐書》（北京：中華書局，1975）卷 159，列傳第 109，頁 4181-4182。

　　即事壯重險，論功超五丁。坡陀因厚地，卻略羅峻屏。
雲關虛冉冉，風松肅泠泠。石門霜露白，玉殿莓苔青。
宮女晚知曙，祠官朝見星。空梁簇畫戟，陰井敲銅瓶。
（〈橋陵詩三十韻因呈縣內諸官〉）[60]

　　《南部新書》以相當簡略的方式記載了這則故事。由於
過於簡潔，光看字面，無法理解故事背後的原意，甚至會誤
以為是鄭顥自夢中獲得佳句，有間接攞高杜甫地位的意味存
在。這種極簡略的記錄方式，是《南部新書》的一個特色。
記載同則詩話的文獻，除了成書較晚的蔡寬夫《詩史》[61]承
續了《南部新書》精簡的節錄方式外，其它詩話的記述內容
及形式皆和《舊唐書》的鄭顥詩話類似。[62]

　　除了大江齊光的詩話之外，筆者考察到《江談抄》有另
一則記述也仿自《南部新書》。[63]內容記載唐玄宗於天寶四
年，親自撰祈禱文為萬民祈福，其文與天相感，自飛上天。
大江匡房將此一記述改寫成：菅原道真於流放地撰寫申訴無
罪的祭文，祭文自飛上天。雖然玄宗祈禱文飛天之事並非詩

---

60 唐・杜甫著，楊倫箋，《杜詩鏡銓》（臺北：天工書局，1988），卷
　　3，頁 98-101。
61 「鄭顥嘗夢中得句云：石門霧露白，玉殿莓苔青。續成長韻。此兩句
　　老杜詩也。」宋・蔡寬夫，《詩史》，收錄於《宋詩話輯佚》（北京：
　　中華書局，1980），下冊，頁 455。
62 淺見氏在此篇論文中列出夢中得句的種類形態，並探討中國詩話中常
　　見的"夢中得句"及"神助"等主題。（日）淺見洋二，〈關于「夢
　　中得句」── 中國詩學中的「內」與「外」、「已」與「他」〉，《距
　　離與想像：中國詩學的唐宋轉型》，（上海：上海古籍出版社，2005），
　　頁 413-433。
63 見本書第四章。

話，但經由兩者的比對，可知《江談抄》在故事題材的選擇上，參考了宋初的筆記《南部新書》。

關於《江談抄》的大江齊光詩話，筆者的推論是，姑且不論大江匡房是否知道《南部新書》中鄭顥詩話的原意，甚或是刻意忽視，他既然大膽地顛倒事實真相，那他所在乎的重點便是「夢中得句」一事，且所得之句是名人之句，也就是藉由此一詩話模式來提升大江齊光的詩名。即使編寫手法極為粗糙，仍執意篡改《僧綱補任》中的記載，可見大江匡房極欲為大江一族創造能流傳後世的詩壇佳話。

這種為族人撰寫詩歌軼事的行為，其實也與《江談抄》中多見大江一族佳話的事實，如一體兩面般的互通聲氣。例如，大江匡房對於弟子問到源順、橘在列、慶滋保胤、大江以言四人孰優孰劣一事。大江匡房的回答是慶滋保胤及大江以言勝過源順，而源順勝過橘在列：

> 問：「順、在列、勝負如何。」帥答云：「順勝。」問：「順、保胤勝劣如何。」帥答：「保胤勝。」問：「順、以言如何。」帥答曰：「以言勝歟。……」（《江談抄》第五・47・〈順在列保胤以言等勝劣事〉）[64]

在這裡雖然未提到慶滋保胤和大江以言的優劣順序，但由以下保胤（寂心上人）妒忌以言詩才的例子來看，在大江匡房的心裡大江家族人的才華不言可喻。

---

64 《江談抄・中外抄・富家語》（東京：岩波書店），頁 532。

以佛神通爭酌盡，經僧祇劫欲朝宗。　<small>弘誓深如海　以言</small>
此句酌字夕，作甚大書之，「朝宗」為對之也。寂心
上人見之，感歎頗有妬氣。（《江談抄》第四·46）[65]

不過對於大江匡房高度的評價，江戶時期的學者江村北
海（1713-1788）認爲《江談抄》詩話內容爲大江匡房門人所
編錄（其實是弟子輯錄大江匡房口述的內容），因此與大江
氏一族相關的評論有失客觀，《江談抄》中大力稱讚大江家
詩作之佳，但江村北海卻認爲一族之中，除大江朝綱及大江
佐國外，其他人皆名過其實，嚴厲批評大江匡房誇大了江家
的威名：

文章博士以言，千古曾孫，夙有聲譽，嘗賦「晴後山
川」，源為憲擊節嘆賞，今誦之，有大不協者。又暮
烟七律，不及具平親王。惟間中日月長一律，似勝他
作。而頷聯牽強不成句。《江談鈔》曰：橘在列不如
源順，順不如慶保胤，胤不如江以言。豈其然乎。談
鈔江帥門人所編錄，故當云爾。噫，虛名溢美，何代
不有。（《日本詩史》）[66]

余論大江氏，朝綱上襄，佐國雁行，其他，往往名浮

65　《江談抄·中外抄·富家語》（東京：岩波書店），頁 513。
66　（日）江村北海，《日本詩史》（《日本詩話叢書》，東京：鳳出版，
　　1972），卷 1，頁 174-175。

其實。（《日本詩史》）[67]

　　大江一族在平安朝時期長期掌握學術資源，自然也知悉不少文壇的瑣事軼聞，或鮮爲人知的秘談。故不能因《江談抄》記載有與史實悖離的謬聞，便將全數詩話視爲誇大不實的傳聞。但如前所述，《江談抄》內大部分的詩話，其相關的第一手文獻只有詩人的詩文著述，沒有比《江談抄》更早的詩歌本事存在。所以從大江齊光詩話的例子來看，大江匡房自宋詩話筆記倣效詩話的書寫形式，再撰寫的日本詩話可能不在少數。

五、小　結

　　《江談抄》中的詩話群，是大江匡房在接觸到北宋詩話、筆記後，從這種宋代新興的文學評論形式獲得啓發，進而著手日本詩話的撰寫與創作。但或許是急於大量創寫詩話，在擷取北宋筆記、詩話中的題材進行改寫時，留下明顯的斧鑿痕跡。因此，即使江家文庫焚毀，仍可透過對照分析，確認大江匡房的詩話體例仿自北宋詩話。

　　《江談抄》的詩話雖無詩話之名，卻有詩話之實，且此書收載的詩話數量遠勝《濟北集》的話數。因此，宋代文人的學術著述對日本文學產生實際的影響，應可上溯至平安晚期的院政期。〈濟北詩話〉承襲南宋嚴謹的江西詩派詩學系

67　（日）江村北海，《日本詩史》，頁176。

統，而《江談抄》在詩歌本事之外的詩話，則呈現北宋詩話偏重考據，重文學批評的傾向，其記事方式亦承襲筆記體隨筆漫談的閒談式風格。

　　在目前學界研究平安文學與中國文學的關係時，向來側重唐詩、唐人傳奇等對平安漢詩文、物語、和歌所產生的影響力。即使平安朝中期，唐朝早已滅亡，但文人墨客崇唐的風氣仍盛，文學的表層舞臺乍看之下似乎沒有北宋文學發揮影響力的空間。但透過與北宋詩話的比對調查，可發現在影響日本平安文學的中國文學形式之中，有別於唐文學強烈且鮮明的存在感，北宋文學的影響是透過詩話、筆記的體裁、形式，不著痕跡地融入其中。特別是北宋筆記這個從未被提起的研究素材，深深影響日本「世俗說話」的著作 —— 《江談抄》一書。跨越「說話」、「筆記」的中、日文體名稱框架，北宋筆記和《江談抄》兩者的形態其實十分近似。不過要更明確地界定宋筆記與《江談抄》間的關係，特別是在筆記與日本說話的體例上，仍需進一步的說明及分析，次章將針對此一問題另做探討。

第三章　宋代筆記與《江談抄》的體裁

── 說話與筆記的界限[*]

一、前　言

　　大江匡房晚年的語錄體著述《江談抄》傳本眾多，不管是保留早期抄寫形貌的「古本系」，或是重編後的「類聚本系」，其記述形態多以短篇爲主，每篇爲獨立的記事，內容長短不一，與中國的筆記有著相同的書寫形式。

　　前章透過北宋詩話與《江談抄》詩話的特徵比對，得以確認《江談抄》中的詩話撰寫模式，乃大江匡房仿自北宋筆記中所收載的詩話，部分詩話甚至是移花接木自北宋筆記中的篇章，其敘事形式與用語相同，只替換了人物及時空背景，留下明顯的斧鑿痕跡。[1]再加上宋人藉由隨筆漫談的形式書寫讀詩心得、詩學主張或文學批評，以及宋人詩話偏重考據、訓詁等等特徵，皆可見於《江談抄》詩話中。由此可知，此

* 本文爲筆者 97-99 年度國科會研究計畫之一部分，原計畫名稱爲〈北宋筆記對《江談抄》形成的影響〉，計畫編號：NSC 97-2410-H-003-144-MY3，特此致謝。
1 見本書第二章。

書的成立，應與盛行於北宋的筆記體著作間，有著緊密的連繫。

　　《江談抄》所收載的記事題材，依「類聚本」的分類方式，可分為「皇家」、「攝關」、「佛神」、「雜事」、「詩事」及「長句事」等。「詩事」、「長句事」以及部分「雜事」的記事為詩話，這些內容包含「論詩及事」的詩人軼事，以及「論詩及辭」的記事，如典故音訓的考訂、字辭章句的釋義等，約佔了全書半數的篇幅。「皇家」、「攝關」為有關皇族以及與攝關家一族的朝廷軼聞，「佛神」則是與佛教、神道祭祀相關的內容。此書所收錄的記事極為駁雜，舉凡皇族秘辛、官場秘聞、學術考辨、詩人軼事、名器淵源、宗教祭祀等題材皆是採錄的對象。

　　《江談抄》雖以漢文撰寫，但和以純漢文書寫的詩文總集《本朝文粹》相較，夾雜了不少日式漢文的表現，依據三角洋一針對平安、鎌倉的說話集所做的分類，《江談抄》的記述形式屬於變體漢文，一部分類似速記的對談內容，留下較多的口語；一部分在記述上較有條理，似是已整理過的篇章。整體而言，若是《江談抄》的內容為大江匡房談話當下的速記，文字理應更為凌亂，但這些篇章內容在格式上尚稱工整，推測可能已經過了初步的潤飾整理。[2]

　　前章的考察範圍只針對《江談抄》中的詩話，未論及書中其他部分。因此本章節將透過整體的分析，探討《江談抄》

2 　（日）三角洋一，〈漢文体と和文体の間 ── 平安中世の文学作品〉，《古典日本語の世界 ── 漢字がつくる日本》（東京：東京大学出版会，2007），頁 99-123。

一書與北宋文學之間的關聯。而由於《江談抄》在現今的日本文學中，被歸類於「說話文學」，因此相關內容也將一併納入討論。

二、「說話文學」中的異色作品《江談抄》

「說話」這個概念一般是指非連續性、故事可單獨成立的短篇著作集，與長篇的故事「物語」相對，而「說話文學」作品出現的時期，集中在日本古代末期到中世前期。

日本「說話文學」的概念自在近代成形後，直至今日，這個體裁名稱是否能涵蓋所有說話作品的爭議從未間斷。明治末年，芳賀矢一首先將《今昔物語集》的體裁稱爲「說話」，大正時期的野村八良則延用「說話」一詞，進一步定義爲由短篇且獨立的故事集結成的著作群，如《宇治拾遺物語》、《古事談》、《十訓抄》、《古今著聞集》等，爲其冠上「說話文學」的名稱。此後文學研究者在這個概念未明確之前，先行使用「說話」一詞定義此一群類的故事集。但以《今昔物語集》爲範本的規格無法概括所有作品，必然會造成某些故事集在文類歸屬上產生問題。於是研究者只好在「說話文學」成爲固定文類體裁的名詞後，試圖爲原本模糊的概念，架構出能涵蓋所有所謂「說話文學」作品之理論規範。但時至今日，對「說話」的體裁定義仍存在著不少歧見，[3]甚至由

3　（日）今成元昭，〈説話と説話文学〉，收錄於（日）大曾根章介編，《研究資料日本古典文学 3 説話文学》，（東京：明治書院，1992），頁 1-6。

於日本文學研究對象的擴大，爲細分各領域的作品，而分別使用「說話」、「說話集」、「說話文學」等專有名詞做出區別，但依然沒有一套明確的規定或準則。[4]

　　日本最早的說話集是《日本靈異記》，此書的體裁及書寫形式模仿了唐朝‧唐臨的《冥報記》以及孟獻忠的《金剛般若經集驗記》。平安貴族篤信佛教，在這樣的社會背景下，宣揚佛教靈驗或帶有教化色彩的著作集相繼問世，如《三寶繪詞》、《往生要集》、《日本往生極樂記》及《法華驗記》等，這些作品也都受到六朝至唐的短篇佛教小說影響。日本早期的「說話」作品皆是此類佛教靈驗譚或高僧傳記。獨立的短篇故事皆可納入「說話」的範疇，以此分類標準來看，中國的志怪或佛教的短篇故事等，在日本文學裡皆可被稱爲「說話」。

　　《江談抄》是在流行佛教靈驗譚、冥報故事、往生傳記的平安朝中問世的一部語錄體著作。曾點出《江談抄》和日本一般說話集不同的，有田口和夫、山根對助、池上洵一、小峯和明等研究者。由於《江談抄》所收載的記事在性質上與大多數說話有顯而易見的不同，使此書被評爲不像「說話」的說話作品。《江談抄》中不符上述「說話」概念的記事頗多，筆者簡單分述如下：

（一）非「說話」屬性的雜記

　　《江談抄》書內所收篇章題材十分駁雜，無所不包，有

4　（日）森正人，〈古代の說話と說話集〉，收錄於（日）本田義憲等編，《說話の講座》（東京：勉誠社，1991），第 4 冊，頁 9-10。

隸屬於「說話」性質的獨立短篇故事，也有背離「說話」定義的雜記存在。像是此書中的考據、訓詁、辨證、掌故或是羅列名器的隨記等篇章，皆不具敘說故事的性質，不符合「說話」的概念。

> 又被命云：「內宴始者，嵯峨天皇之時始也。弘仁四年癸巳之歲。翫櫻花之序。野相公書之云々。題善相公進之。」（《江談抄》第一·3·〈內宴始事〉）[5]

> 大水龍、小水龍、青竹、葉二、柯亭、讚岐、中管、釘打、庭篶。（《江談抄》第三·48·〈笛〉）[6]

> 赤六、穗坂十七栗毛、戀地、烏子、尾白、椿原、翡翠、若菜、別栗毛、御坂、近江栗毛、三日月、本白、和琴……（《江談抄》第三·74·〈高名馬名等〉）[7]

每年正月二十日，由天皇主辦私人宴會的慣例起始於嵯峨天皇弘仁四年（814），像第一則這種掌故談話，或如後兩則羅列出當代名器名稱等的雜記，散見在《江談抄》裡，而這一類雜記、掌故的隨筆短篇皆與「說話」相去甚遠。

《江談抄》羅列名器、動植物名或官名這種雜記的形式

5　（日）大江匡房著，（日）山根對助、（日）後藤昭雄、（日）池上洵一校注，《江談抄·中外抄·富家語》（《新日本古典文學大系》，東京：岩波書店，1997），頁476、477。
6　《江談抄·中外抄·富家語》（東京：岩波書店），頁503。
7　《江談抄·中外抄·富家語》（東京：岩波書店），頁507。

亦有例可尋，如平安中期的隨筆《枕草子》裡，便常見例舉
器物名或官名等的類聚章段：

> 大夫は　式部大夫。左衛門大夫、右衛門大夫。（《枕
> 草子》）

> 佛は如意輪。千手。すべて六觀音。藥師佛。釋迦佛。
> 彌勒。地藏。文殊。不動尊。普賢。（《枕草子》）[8]

這一類的記述，在形式上較為類似的有李上交的《近事
會元》：

> 學士　弘文館　麗正殿　集賢殿　北門　翰林待詔
> 翰林供奉　翰林學士（《近事會元》）[9]

《近事會元》的記述多以釋名為主，羅列出物名、官名
之後，再逐一解釋說明。而《枕草子》和《江談抄》則以羅
列為主，少見含解釋說明的文章。

8　（日）清少納言，《枕草子》，《新日本古典文學大系》（東京：岩
　波書店，1991）頁 215、245。關於《枕草子》的撰述形式，有研究指
　出與李商隱的《義山雜纂》有關。（日）目加田さくを，〈サロンの
　文芸活動つづき —— 李義山雜纂・義山詩集と枕草子・清少納言集〉，
　《日本文学研究》26（1991），頁 21-36。
9　宋・李上交，《近事會元》（《叢書集成初編》，北京：中華書局，
　1991），卷 2，頁 149。

（二）非文學書寫

　　《江談抄》書內所收載的「說話」敘事片斷且內容晦澀難解，事件被記錄下來的主因是具某種價值或趣味性，不但在書寫上完全不重視修辭，篇章結構也不縝密。和《今昔物語集》、《古今著聞集》、《宇治拾遺物語》等著名的說話集相較，《江談抄》說故事的技巧稱不上高明，有些篇章甚至在讀完後仍難以理解主旨爲何，與史實相悖離的荒謬記聞也不在少數，一般來說，此書的文學評價並不高。[10]

　　大江匡房所留下的詩文作品數量極多，像是《本朝續文粹》裡便收錄了不少他所撰寫的詩、賦、表、書狀、序、論、銘、牒、表白等各種文體的作品。他也頻頻爲皇室、貴族代作法會上誦讀的願文。平安時期的願文多是以華麗詞藻堆砌而成的四六駢儷文，在當時的社會裡，能撰寫出膾炙人口的願文作品是一流文士的證明，因此文人爲披露才華及拓展知名度，競作彫琢詞藻、堆砌典故的願文，大江匡房亦在此列，他目前現存的願文作品便有將近 120 篇。不過，即使他留下數量龐大的詩文作品，卻未收錄任何一篇在《江談抄》裡。《江談抄》中所載詩話數量幾佔全書的一半，可見大江匡房十分熱衷談說或雜記文人軼事，但這些文壇相關的雜錄瑣聞並非文學創作，很明顯地他將《江談抄》的雜記和具文學價值的詩文作品做出了區隔。此外，大江匡房的和歌造詣十分精湛，《後拾遺和歌集》等和歌集裡也收錄了不少他的和歌

10　（日）小峯和明，〈江談抄〉，收錄於（日）大曾根章介編，《研究資料日本古典文学 3 説話文学》，（東京：明治書院，1992），頁 34-35。

作品，但大江匡房雖談說作詩的詩格、詩法，卻全然不提和歌的歌學理論，這似乎也是他另一個刻意的區隔。

　　從《江談抄》只重記錄不重修辭，以及排除個人詩文作品的特色來看，這本書可說是大江匡房不具文學目的，僅為記錄個人言談的一部著作，因此若以文學價值高低的角度來審視《江談抄》時，便無法給予此書正確的評價。

（三）敘事方式及讀者圈的設定

　　承上，《江談抄》迥異於一般說話集之處，在其敘事方式以及讀者的設定。田口和夫認為《江談抄》是一部不像「說話」的說話集，或應該說是處在未成形的萌芽階段，呈現出混沌的混亂狀態，[11]所以這部書對一般讀者而言絕非和善親切、容易閱讀的故事集。而《江談抄》之所以不像一般說話集的理由，可藉由和《今昔物語集》、《古事談》等作品的比較，突顯出《江談抄》書寫形式的特別之處。

　　在《江談抄》之後成書的《今昔物語集》，有不少故事題材取自《江談抄》。山根對助認為同一則故事在《江談抄》裡的敘事不重視情節的鋪陳發展，只著重事件的記錄及文字化，而《今昔物語集》的編者會面面俱到地交代故事的起承轉合，並補充原故事含糊不清的環節。即使是篇幅較長的「古本系」《江談抄》，也是呈現相同的敘事形態。[12]

11　（日）田口和夫，〈江談抄〉，《国文学：解釈と鑑賞特集・説話文学の世界》30.2（1965.2），頁 71-73。

12　（日）山根對助，〈大江匡房 —— 《江談抄》の世界 —— 〉，《日本の説話》（東京：東京美術，1973），頁 358-384。

　　和另一部說話集《古事談》互相對照，也能得到同樣的結論。《古事談》的作者是平安末鎌倉初期的源顯兼（1160-1215），此書中有二十二則說話取材自《江談抄》，小林保治對照兩書的同則說話，注意到源顯兼刪除《江談抄》中的對話及作者的批評感想，將焦點集中在故事主角一人身上，賦予故事簡潔明快的敘事性。《江談抄》原本的故事十分難解，但透過簡化篇章的構成及刪除原書的語錄體等改寫過程，使得《古事談》改編過的故事比《江談抄》更容易理解，[13]也更符合「說話」敘事明快的特質。

　　《今昔物語集》和《古事談》重新整理原故事的脈絡，敘事俐落、結構分明，清楚交代人物關係、地點及時間，使讀者能充分享受到閱讀的樂趣。以直述式的敘述手法鋪陳情節，讓故事結構較爲單純，也是「說話」的特色之一。而同則故事在《江談抄》方面，敘事只偏重於事件的記錄，讀者是否能循序漸進地被引導進故事的世界，是否能輕鬆獲得閱讀的樂趣，並不在作者的考量之中。

　　而《江談抄》這種不和善的敘事方式，又可以從另一個角度來觀察。美濃部重克認爲《江談抄》書中談論的主題是文學，以及以文學爲中心所延展出去的相關話題，大江匡房談話的目的，並非故事的傳承，而是以文人的身分及立場進行文人的談話，而這一點與大江匡房將自己定位在文人政治家的意識息息相關。因此，美濃部重克將《江談抄》的核心

13　（日）小林保治，〈言談の記錄と記錄の抄錄〉，收錄於日本文學協会編，《日本文学講座 3：神話・説話》（東京：大修館書店，1987），頁 208-226。

定調在「文人的對話」。[14]

如前所述，《江談抄》中的故事隱晦難解，且考據、辨証、詩話等具高度知性的篇章頗多，若非同時代且擁有相當學識素養的文人或學者，便難以理解這些篇章的意涵。關於這一點，也有其他學者注意到，如池上洵一提到：我們現代人學得的知識、學問以及感興之處和古人不同，若能克服這些時代差距所造成的問題，讀起《江談抄》來必然能體會箇中樂趣。[15]換句話說，《江談抄》之所以難解，是因爲大江匡房所預設的讀者並非一般僅擁有基本閱讀能力，能讀懂淺顯書籍的民眾，而是和自己擁有同等知識學養的文士。

三、《江談抄》與宋筆記相符的特色

本論的主旨並非要論述《江談抄》一書是否背離「說話」的定義，文類的歸屬固然便於研究文學體裁的演變與流傳，但概略性的定義涵蓋範圍過大，反而遮蔽了追溯《江談抄》記述形態本源的可能性。且當書中包含非「說話」性質的篇章時，便成爲無法探討、處理的模糊空間，是以在今人所規範的「說話文學」中，《江談抄》便成了灰色地帶中的異類

14　（日）美濃部重克，〈言談の世界 —— 說話の生成と流布 —— 〉，《伝承文学研究》39（1991.5），頁 3-8。

15　（日）池上洵一，〈説話の生成と伝承〉，收錄於（日）本田義憲等編，《説話の講座》（東京：勉誠社，1991），第 1 冊，頁 37。相關論點尙可參考（日）三木雅博，〈院政期における和漢朗詠集注釈の展開 ——《朗詠江注》から《和漢朗詠集私注》へ —— 1995 年 9 月〉，《和漢朗詠集とその享受》（東京：勉誠社，1995），頁 211-238。

作品。因此將此書暫時抽離「說話文學」的框架，歸納出此書的特色及與宋筆記之間的近似點，方能確認兩者之間的承襲關係，還原此書在文學史上的定位與價值。

　　筆記是一種隨筆記錄見聞、雜感的著述體裁，每一篇可以是獨立的，也無一定的先後順序。筆記體起源甚早，六朝時頗爲流行，至宋時大盛，「舉凡朝章政典，遺聞佚事，風土人情，天文地理，乃至街談巷議，神鬼迷信等等，無不兼包並容，其中也時有文學藝術方面的記述和評論」[16]。筆記最早指的是與詩、賦等韻文相對的散文文體，直至宋祁（998-1061）的《宋景文公筆記》以「筆記」命名後，才逐漸轉爲現今所認知的概念。[17]

　　筆記的特點就是自由隨性，意之所至隨即記錄，題材無所不包，但也由於內容過於駁雜，若要以收錄題材來爲筆記分類的話極爲困難。這個情形反映在前人的分類目錄上，「《封氏聞見記》、《石林燕語》等，列爲子部雜家類雜說，而與《封氏聞見記》、《東坡志林》、《容齋隨筆》體裁相同的《唐國史補》、《涑水記聞》、《東齋記事》、《唐語林》等卻又另列入子部小說家類。《四庫全書總目》在《中吳紀聞》提要中曾明確提及，此書仿范純仁《東齋記事》、蘇軾《志林》之體，而實際上此三書，卻分屬三類，即分列於史部載記類、子部雜家類、子部小說家類」[18]，對於筆記題材

16 孫望、常國武主編，〈總論〉，《宋代文學史》（北京：人民文學出版社，1996），頁 17。

17 鄭憲春，《中國筆記文史》（長沙：湖南大學出版社，2004），頁 2-3。

18 傅璇琮，〈序〉，《全宋筆記》，（鄭州：大象出版社，2003），頁 5-6。

的分類，就連《四庫全書總目》也沒有一個十分明確的準則。

　　近年來《歷代史料筆記叢刊》、《唐五代筆記小說大觀》及《全宋筆記》等大型筆記叢書陸續出版，促使筆記研究逐漸受到重視。筆記的研究者試圖擺脫古代目錄學細瑣的分類方式，給予筆記一個新的定義與空間，讓它成為一個可獨立於其它文類之外的體裁。不過由於筆記與其它文類相較，研究的時日尚淺，仍有許多可探索、開發或議論的空間。目前的筆記研究，特別是在「筆記小說」和「筆記」的分類、認定上仍存在著相當大的歧見。[19]

　　不過，即使中國歷代筆記的題材龐雜分類不易，宋代的筆記還是能與前代筆記做出一個大致的區隔。研究宋代筆記的張暉，認為筆記的體裁發展至宋代臻至成熟，尤其在保存史料的史學價值，及考據、文學批評上的文學價值極高。[20]而劉葉秋依筆記所撰主題，將歷代的筆記大致分為「小說故事

---

19 文中提到張惠仁（《歷代筆記文初探》）、劉葉秋（《歷代筆記概述》）、鄭憲春（《中國筆記文史》）等人認為筆記是一種獨立的文體，筆記小說是筆記中的一個小類，而苗壯（《筆記小說史》）則認為沒有獨立的筆記文體，筆記小說是一大類，筆記包含在其中。鄭繼猛，〈近年來宋代筆記研究述評〉，《甘肅社會科學》4（2008.7）：37-41。
　　其它論述歷代筆記沿革的著述還有吳禮權的《中國筆記小說史》（臺北：臺灣商務印書館，1993，頁 8-9），將筆記種類分為〈志怪〉、〈軼事〉、〈國史〉、〈事類〉、〈雜俎〉，陳文新，《中國筆記小說史》（臺北：志一出版社，1995，頁 37、243），則以〈軼事小說〉、〈志怪小說〉來分類。
　　另外，關於中國歷代小說的分類說明還可參考魯迅，《中國小說史略》（臺北：風雲時代出版，1996）、韓秋白、顧青的《中國小說史》（臺北：文津出版社，1995）、龔鵬程的《中國小說史論》（臺北：學生書局，2003）、李悔吾的《中國小說史》（臺北：洪葉文化，1995）。
20 張暉，〈宋筆記的地位及特點〉，《宋代筆記研究》（武昌：華中師範大學出版社，1993），頁 1-28。

類」、「歷史瑣聞類」及「考據辨證類」三類[21]，「比較起來，宋人筆記，小說的成份有所減少，歷史瑣聞與考據辨證相對加重，這也是宋代筆記的時代特色與歷史成就」[22]。劉葉秋所提出的分類方式，迄今雖已歷三十年，仍是許多筆記研究的重要依據。[23]

而張暉、劉葉秋所指出的宋筆記特色，也正好符合《江談抄》的特徵。概觀《江談抄》全書題材內容，「小說故事類」的篇章極少，僅只〈吉備真備入唐譚〉、〈小野篁冥官譚〉等寥寥數篇而已。扣除詩話的部分後，「歷史瑣聞類」及「考據辨證類」等官場軼聞或辨證掌故類的篇章幾乎佔掉了剩下的篇幅，以劉葉秋的分類方式來看，《江談抄》與上述宋代筆記的特色大致相符。

不過，這只是以各朝代盛行的筆記類型所做出的區隔，並非絕對的準則。如唐代筆記在「歷史瑣聞類」已發展出多種多樣的形式，而談述掌故的「考據辨證類」筆記數量雖不多，也有質量頗佳的作品存在。「唐代帝王重視史學，社會上普遍重視有關史籍的編纂，於是小說的寫作也往往以敘述史實的面貌出現」[24]，在史學為重的風氣下，為數不少的雜史及雜記等「歷史瑣聞類」筆記也隨之問世。如李肇在《唐

---

21 劉葉秋，《歷代筆記概述》（臺北：木鐸出版社，1987），頁 3-4。
22 傅璇琮，〈序〉，《全宋筆記》，頁 6。
23 宮雲維認為劉葉秋「關於筆記的含義和類型的劃分，筆記的淵源和名稱的梳理，是迄今為止最為合理、最為科學的關於筆記的論述，其後的筆記研究成果幾乎都是在這一框架下進行的。」宮雲維，〈20 世紀以來宋人筆記研究述論〉，《浙江社會科學》，2010.1（2010.4）：7-102。
24 周勛初，〈唐人筆記小說考索〉，《周勛初文集》（南京：江蘇古籍出版社，2000），頁 18。

國史補》自序中的說明：「紀事實、探物理、辨疑惑、示勸戒、探風俗、助談笑」[25]，此書所採錄的內容包括了唐代的人物傳說、典故、掌故及制度等種種記載。

雜史、雜記的「歷史瑣聞類」及談述學術掌故的「考據辨證類」興於唐，而大盛於宋。因此，以下分項探討《江談抄》與北宋筆記的關聯時，有些項目會與唐代筆記或其它歷代筆記重疊，但其中仍有幾個特徵可看出此書與北宋文學之間的連結。

（一）《江談抄》詩話與宋詩話的關聯

《江談抄》中詩話數量約佔全書一半以上的篇幅。書中所載詩話、詩論、文評與北宋筆記的關聯，已揭於本書前章。在此僅擇要陳述，並新增幾筆資料加強說明。

歷代詩話依性質一般可分為「論詩及辭」及「論詩及事」二類。在「論詩及辭」方面，宋代詩話與唐代不同之處在於「宋人之著重在理論批評，而唐人之著則偏於法式」。[26]宋人重思辨、具知性的特色與唐人相異，因此在詩學上呈現出來的是宋人詩話重視句法、理論的一面，[27]而這一型宋人詩話代表的是「文學批評」意識的覺醒。[28]唐人著述像是崔融《唐朝新定詩格》、王昌齡《詩格》及皎然《詩議》等，以詩格、詩法的作詩論述為主。「唐詩的創作成就極為偉大，

25 唐・李肇，清・張海鵬輯刊，《國史補》（《學津討原》，臺北：新文豐出版社，1979），頁1。
26 郭紹虞，《宋詩話考》（臺北：學海出版，1980），頁67。
27 周裕鍇，《宋代詩學通論》（四川：巴蜀書社，1997），頁1-6。
28 張伯偉，《中國詩學研究》，（審陽：遼海出版社，2000），頁269。

但詩人所累積的極為豐富的創作經驗卻未能及時總結，從現存的一些"詩格"、"詩式"、"詩類"之類的著作來看，大都偏於形式技巧方面細枝末節上的研討，專在對偶、聲律、體勢上下功夫。」而宋代詩話，則是從當代和前人累積的創作經驗上，探索創作的理論。[29]「（宋代）詩話中間，則論詩也可以及辭，也可以及事。而更可以辭中及事，事中及辭。這是宋人詩話與唐人論詩之著之分別。因此，宋人詩話又往往走上考據或注釋一條路。」[30]宋人所著述的詩話，除了如《六一詩話》、《中山詩話》等詩話專書外，更多是以隨筆漫談的形式，夾雜在文人的筆記著作裡。而《江談抄》也是採隨筆漫談的形式，雜錄詩文評論、典故考據、字詞釋義及音訓考訂等記事篇章，符合宋代隨筆夾雜考據、注釋的特點。

　　在「文學批評」方面，大江匡房和弟子藤原實兼在談話中，多以前人詩句為例，暢述用句、用字之法。品評論述平安朝文人詩作的意境高低等談話，也多散見在《江談抄》「詩事」、「長句事」等章節裡。舉一例來說，針對弟子提出大江匡衡、大江以言、紀齊名三人詩文意境的議題，大江匡房直言批評紀齊名因襲前人風格，詩句沒有新意，說他帶有傳統古典氣息的作品皆是模仿前人詩句造語，而不仿前人風格的詩作更是平淡無奇、了無新意。相反地，他對大江以言的評價甚高，說他文體與紀齊名截然不同，所作之詩揮灑自如，文筆流暢而無拘無束，不受制於前人寫作形態，富有新意。

29　周勛初，〈宋金元的文學批評〉，《周勛初文集》（南京：江蘇古籍出版社，2000），頁 240。

30　郭紹虞，《宋詩話輯佚》上冊，（北京：中華書局，1980），頁 2。

> 予又問云：「匡衡、以言、齊名三人文體各異。而共
> 得其佳境。」被答云：「齊名偏持古集於其心腹，敢
> 無新意。文文句句皆採摭古詞。故其體有風騷之體。
> 至其不得之日亦不驚目。無新意之故也。」……又被
> 命云：「以言文體與之相違。所作之詩，任意恣詞，
> 都無彎策。其體實新，其興彌多。」（《江談抄》第
> 五・62・〈匡衡以言齊名文體各異事〉）[31]

這段大江匡房評論前人詩文的談話意旨，與《六一詩話》
的一則梅堯臣的評論頗有異曲同工之感。「聖俞嘗語余曰：
詩家雖率意而造語亦難，若意新語工，得前人所未道者，斯
為善也。」[32]

大江匡房除了評論之外，也從前人的創作經驗上總結出
他個人的詩文理論。佐藤道生認為大江匡房是以「破題」為
中心概念建立了個人的詩論，[33]小野泰央認同佐藤道生的論
點，並補充說明大江匡房的詩論體系是建立在前人詩作的基
礎上，就如同宋詩話文學批評的基礎是建立在唐人數量龐大
的詩文作品之上。[34]

再談到另一個大江匡房詩話的特徵。周勛初指出，宋代

31　《江談抄・中外抄・富家語》（東京：岩波書店），頁 535。

32　宋・歐陽修，《六一詩話》，收錄於《歷代詩話》（臺北：木鐸出版
　　社，1982），上冊，頁 266。

33　（日）佐藤道生，〈江注と詩注 ——《和漢朗詠集》注釈の視点〉，
　　《国語と国文学》82.5（2005.5），頁 192-203。

34　（日）小野泰央，〈《江談抄》の詩文論と平安朝詩文〉，《中央大
　　学文学部紀要》103.224（2009.3），頁 43-68。

詩話的內容會隨著文壇風氣的變遷而推移。北宋初年，詩話中記載文壇軼事和考訂史實的比重較大，中葉以後談典故重學問，因此詩話多考據用事造語的出處。[35]三木雅博便曾指出大江匡房的詩話作品，有重視典故考據以及詩語出處的傾向，似乎在展現個人淵博的知識與學問。[36]大江匡房的詩話裡學術考辨的比重不低，可以看出其風格內容呈現和北宋文壇風氣相同的走向。

　　接著再看「論詩及事」的部分。《江談抄》中有幾則記述詩壇軼事的詩話，是改寫自北宋的《南部新書》及《括異志》等筆記或筆記小說中的記載，從這一點可以確認到的是，大江匡房接觸過北宋的筆記作品，並受其影響將部分中國文人的傳說改寫成平安詩人的軼事。

　　不過，關於「論詩及事」的部分要另外補充一些說明：《江談抄》中有幾則故事有著唐代筆記小說的影子，像是書中菅原文時（第六‧14）、都良香（第四‧33）等人的軼事，與《雲溪友議》、《本事詩》中所載李賀、駱賓王的傳說頗為類似。而且，大江匡房談話題材的來源有部分依據《明皇雜錄》、《唐國史補》之類的唐代雜史軼事小說。平安晚期的貴族藤原師通，曾在自己的日記《後二條師通記》裡記載〈紅葉記〉的故事梗概，柳瀨喜代志據此推測，晚唐至北宋初年記載此一相關故事的筆記小說，在當時透過頻繁出入日

35　周勛初，〈宋金元的文學批評〉，頁 241。

36　（日）三木雅博，〈院政期における和漢詠集注釈の展開 ── 《朗詠江注》から《和漢朗詠集私注》へ ── 1995 年 9 月〉，《和漢朗詠集とその享受》（東京：勉誠社，1995），頁 211-238。

本的北宋或朝鮮商人傳入。[37]從這些跡象顯示晚唐時成書的軼事小說,在平安朝晚期已開始流傳。因此,在「論詩及事」方面,除了宋代詩話之外,唐代的詩話應也對《江談抄》產生了影響。

（二）作者與讀者的身分

如前所述,大江匡房是以文人政治家的立場進行文人間的談話,他所期待的讀者是與他有相同學養的知識分子。宋朝以文人治國,而宋筆記的作者也多爲士大夫,明末的桃源居士注意到了這一點。

> 尤莫盛于唐,蓋當時長安逆旅,落魄失意之人,往往寓諷而為之。然子虛烏有,美而不信。唯宋則出士大夫手,非公餘纂錄,即林下閑譚,所述皆生平父兄師友相與談說,或履歷見聞,疑誤考証,故一語一笑,想見先輩風流。其事可補正史之亡,稗掌故之闕。(桃源居士《五朝小說》〈宋人小說序〉)[38]

---

37 故事梗概較接近《雲溪友議》、《北夢瑣言》、《青瑣高議》,與《本事詩》有所出入,但由於記事過於簡略無法確認來源爲何。另補充一點,大江匡房和藤原師通兩人亦師亦友,私交甚篤。大江匡房除了曾爲師通導讀《後漢書》外,並出借過《洛中集》等漢詩文集。(日)柳瀨喜代志,〈中国文学と平安朝漢文学 —— 漢籍受容の一、二のかたちをめぐって ——〉,《国文学:解釈と鑑賞》55.10(1990.10),頁 19-25。

38 丁錫根,《中國歷代小說序跋集》(北京:人民文學出版社,1996),頁 1790。

　　如歐陽修的《歸田錄》、司馬光的《涑水記聞》、錢易的《南部新書》、蘇軾的《東坡志林》、范鎮的《東齋記事》、宋敏求的《春明退朝錄》、王得臣的《麈史》、吳處厚的《青箱雜記》、陳師道的《後山談叢》、趙令畤的《侯鯖錄》、王闢之的《澠水燕談錄》及洪邁的《容齋隨筆》等，宋代筆記的作者絕大部分是士大夫出身的文人。

　　宋代士大夫撰寫的筆記，所記載的典故沿革、釋名考訂、里俗異聞、乃至朝廷政事、典章制度及詩話等，皆是向與作者擁有同等知性、智性的文人學者談說分享。因此，即使敘事方式簡略沒有盡辭盡意，有共同文化背景的士大夫，談論起當朝的政事掌故或是詩語的典故考據等，也不會構成理解上的問題。

　　《江談抄》記事簡略、晦澀而難以閱讀，有時甚至要靠《今昔物語集》、《古事談》或《古今著聞集》等書的輔助，才能還原所記述事件的來龍去脈。時空背景不同，後代的人無法掌握所有過往發生的事件，但對同朝的知識分子而言，即使大江匡房語多保留，也不會造成太大的困擾。

（三）非在公在朝的著述

　　《江談抄》確切成書之年雖然不明，不過一般推定大江匡房開始記錄雜談瑣聞，是在晚年自大宰府卸任回歸京都之後。《江談抄》書中也常出現顯示年紀的詞語，如「年已老矣病焉，露命欲消」（第六）、「老耄之身」（第六）、「於壽命者及七十事」（第五）等。另外，他也曾表達出想退休隱居，如「匡房欲隱居」（第二）的想法。

　　藤原宗忠（1062-1141）的日記《中右記》，是平安朝晚期的重要史料之一，其中有幾則記載提到了大江匡房晚年的活動。藤原宗忠在嘉承二年（1107）三月三十日及九月二十九日，批評大江匡房這兩三年來以腿疾為由不再上朝處理政事，卻熱衷於記錄世間的瑣聞雜談，只要有客人來宅邸拜訪，便記錄下從訪客口中聽來的傳聞，不是記述內容有誤就是揭人隱私，行為舉止已經違背一般常理。

> 或人談云「江帥〈匡房〉、此二三年行步不相叶。仍不出仕、只毎人來逢記錄世間雜事之間、或多僻事、或多人上。偏任筆端記世事、尤不便歟。不見不知暗以記之、狼藉無極。」云々大儒所為、世以不甘心歟。（《中右記》，嘉承二年三月三十日條）

> 匡房所為，奇也怪也。世間之人為文狂歟。可謂物怪歟。凡件卿依所劳此兩三年來暗記錄世間事。或有僻事、或有虛言。為末代誠不足言也。（《中右記》，嘉承二年九月二十九日條）[39]

　　另外，《河海抄》、《花鳥餘情》等文獻裡，也留有大江匡房在過世前一、兩年談說軼事瑣聞的活動記錄。[40]

39　（日）藤原宗忠，《中右記》3（《增補史料大成》，京都：臨川書店，1965），頁 203、263。

40　《河海抄》卷十二〈梅枝〉「江談云，天仁二年八月日，向小一條亭言談之次問曰，假名手本何時始起乎，又何人所作哉。答云，弘法大師御作云々。」（日）四辻善成，《河海抄》（東京：角川書店，1968），

　　由這些資料，可知道大江匡房晚年不再上朝處理朝政，打算隱居退休，並頻繁地與當朝人士談說世間瑣事，專注於蒐集可談可錄的資料。不少宋筆記的作者，也是在晚年退休之後，開始整理仕宦時留下的資料，進行筆記的撰寫：

> 予既謝事，日於所居之東齋燕坐多暇，追憶館閣中及在侍從時交流語言，與夫里俗傳說，因纂集之，目為《東齋記事》。……至若鬼神夢卜率收錄而不遺之者，蓋取其有戒於人耳。（《東齋記事》）[41]

　　如范鎮（1008-1089）在序文說明《東齋記事》成書之由，是因退休後生活平淡，回憶起仕宦時與同事交遊時的言談及曾聽過的里俗傳說，閒來無事便將這些回憶瑣聞彙整為書。說明了有不少筆記作品是文士在晚年致仕後，或是閒暇之餘才開始筆記的寫作。王得臣的《麈史》亦是如此，他在序文交代此書是自己晚年告老還鄉後，在自宅休養，因平日閒暇無事，便整理起往日與師友談說的相關雜記，最後便成為一本個人的宦遊見聞回憶錄。

> 予年甫成童，親命從學於京師。凡十閱寒暑，始竊一

頁 446。以及《花鳥餘情》第二〈箒木〉「雅兼卿記云，天永元年十二月廿一日，帥（匡房）被語事一一難憶記，一被語曰，繪師金岡子公望公忠也…。」（日）一條兼良，《花鳥餘情》（《源氏物語古注集成》，東京：櫻楓社，1978），頁 28。

41 宋・范鎮，《東齋記事》（《唐宋史料筆記叢刊》，北京：中華書局，1980），頁 1。

第。己而宦牒奔走，轍環南北，而逮歷三紀。故自師
友之餘論、賓僚之燕談與耳目之所及，苟有所得，輒
皆記之。晚踰耳順，自大農致爲臣而歸。闔扉養疴，
日益無事，發取所記，積稿猥多。於是重加刊定，得
二百八十四事。（《麈史》）[42]

而筆記書寫的目的，如歐陽修（1007-1072）《歸田錄》
自序：「朝廷之遺事，史官之所不記，與士大夫笑談之餘而
可錄者，錄之以備閑居之覽也」[43]，或《六一詩話》自序中，
撰寫詩話的緣由爲「居士退居汝陰，而集以資閒談也」，[44]可
知不少宋人撰寫筆記，是做爲私人的備忘錄、回憶錄，或是
提供知性話題供文人墨客閒談。

宋代筆記著述多記學術考辨、文藝評論，也包含士人回
憶親歷、親聞的朝廷軼事，有別於詩、辭、賦、銘、頌、表、
策、奏疏等文體，可以隨性自由地發揮，「其事隨所錄得之，
故無先後之序」（王闢之《澠水燕談錄》），[45]文筆自然質
樸，著重的是可供閒談的趣意，無須雕琢文字。與師友的閑
談、個人平生的見聞等皆可成爲筆記纂錄的題材，並非文學
書寫，或展現個人文藝才華的舞臺。

又如洪邁（1123-1202）《容齋隨筆》的卷首自序：「予

42 宋・王得臣，《麈史》，收錄於《知不足齋叢書》（《百部叢書集成》，
　　臺北：藝文印書館，1966），頁 1。
43 宋・歐陽修，《歸田錄》（《唐宋史料筆記叢刊》，北京：中華書局，
　　1997），頁 3。
44 宋・歐陽修，《六一詩話》，頁 264。
45 宋・王闢之，《澠水燕談錄》（《唐宋史料筆記叢刊》，北京：中華
　　書局，1981），頁 3。

老去習懶，讀書不多，意之所之，隨即記錄，因其後先，無復詮次，故目之曰隨筆。」[46]筆記的書寫，多是在公餘之際或致仕之後，其漫錄隨筆的心境是輕鬆自在的，不必過於嚴謹，也因此筆記作品中大都多了份隨性悠閒的愜意。

　　不過相較之下，在大江匡房身上卻看不到宋士大夫輕鬆自適的悠閒態度。他在晚年於自宅頻頻招來客人訪談，這種毫不低調的聚會，及未辭官卻以腿疾爲由不再上朝處理政務的行爲，也引來不少非議。這與宋人致仕歸鄉後，回憶官宦生涯的點滴，或與鄉野故里的友人漫談文壇趣聞的悠閒態度是不同的。相較於北宋文人們「日益無事」、「燕坐多暇」，才興起執筆寫作之念，大江匡房的晚年生活卻多了份積極與忙碌。他熱衷記錄世間瑣事的形象及蒐集可談題材的積極作爲，使他意欲留下個人談錄作品的強烈色彩，掩蓋了隨筆漫談原有的悠閒步調。

（四）補正史之無、裨掌故之闕

　　唐、宋的筆記多具文獻史料的價值，唐人重史，因此促成雜史、雜記等「歷史瑣聞類」筆記的發達。而宋代重文輕武以文人治國，修史事業亦十分發達，在這樣的環境背景下，這些士人所耳聞目睹的官場軼聞，親筆所記的職官制度等，其史料價值爲人們所公認，具有「補正史之無、裨掌故之闕」之效：

---

46 宋・洪邁，《容齋隨筆》（《唐宋史料筆記叢刊》，北京：中華書局，2005），頁 1。

> 宋代史學，較前更加昌盛；有名學者，多精史筆。官
> 修、私撰的史籍，均頗可觀。……當時的士大夫，亦
> 多喜輯錄故事；故宋代筆記，以歷史瑣聞一類為最發
> 達。……宋人這類筆記的主要特點，即在於就見聞所
> 及來記敘本朝的軼事和掌故，內容較為真實；減少了
> 小說色彩，增加了史料成分。[47]

1. 朝野掌故及史料：

　　唐、宋人筆記最重要的價值之一，在於這些筆記記載了
不少朝野故實，是研究唐、宋文化的重要文獻史料。

　　《江談抄》所收平安朝前、中期的朝野掌故及史料，多
集中在第一及第二，像是年幼的太子開始讀書學習的日期，
依慣例定在十二月庚寅日；陽成天皇北院飼養馬匹的馬廄俗
號北邊院；或是宮內紫宸殿的南殿向來在庭左種植櫻花、庭
右植橘樹的緣由等等：

> 被談云：「幼主書始是待十二月庚寅日被始事也。無
> 件日年者不被行。」（《江談抄》第一‧15‧〈幼主
> 御書始事〉）[48]

> 又云：「陽成院，御所立御廄，常被飼卅疋御馬。號
> 北邊院。」（《江談抄》第二‧2‧〈陽成院、被飼

47 劉葉秋，〈宋代的筆記〉，《歷代筆記概述》，頁 88-89。
48 《江談抄‧中外抄‧富家語》（東京：岩波書店），頁 478。

卅疋御馬事〉）[49]

> 內裏紫宸殿南庭櫻樹橘樹者舊跡也。件橘樹地者，昔
> 遷都以前橘本大夫宅也。枝條不改，及天德之末云々。
> 又川勝舊宅者。但是或人說也。（《江談抄》第一・
> 25・〈紫宸殿南庭橘桜両樹事〉）[50]

　　平安朝公卿貴族所撰的漢文日記，如《貞信公記》、《御
堂關白記》、《權記》、《中右記》、《小右記》及《後二
條師通記》等，詳實記錄朝廷政事、國家祭祀等重要事件，
是敕撰史書以外極為重要的文獻史料。另外，《北山抄》、
《西宮記》及《江家次第》[51]之類的儀式書等，則是記載朝
儀掌故、典章制度的專書。天皇亦會要求獻上著名的公卿日
記或儀式書，以做為裁決某些政策時的參考。但《江談抄》
並非漢文日記，而是以隨筆的形式雜記政事見聞或典章制
度，可以說是首開私人著述雜談朝政掌故的先例。

2. 士大夫的諧談、瑣語

　　宋代筆記漫談或評論政事的比例相對重於前代，筆記中
多見士大夫談議的「歷史瑣聞」，如「朝廷之遺事，史官之
所不記，與士大夫笑談之餘而可錄者」（《歸田錄》）、[52]「思
少時力學尚友，游於公卿間，其緒言餘論有補於聰明者」（《東

49　《江談抄・中外抄・富家語》（東京：岩波書店），頁485。
50　《江談抄・中外抄・富家語》（東京：岩波書店），頁479。
51　《江家次第》的作者為大江匡房。
52　宋・歐陽修，《歸田錄》（《唐宋史料筆記叢刊》，北京：中華書局，
　　1997），頁3。

軒筆錄》）、[53]「閒接賢士大夫談議，有可取者，輒記之，久而得三百六十餘事」（《澠水燕談錄》）、「追憶館閣中及在侍從時交游言語」（《東齋記事》）等。[54]這一類士大夫的諧談、瑣語，多與朝廷政事相關，是宋代筆記採錄的主要內容之一，像是歐陽修的《歸田錄》「多記朝廷軼事及士大夫談諧之語，內容涉及北宋前期的人物事迹、職官制度和官場軼聞，很多片段相當精采。」[55]

《江談抄》全書採錄的記事，以詩話和朝廷政事相關的雜記二大類所佔的比例最大。池田洵一以「前田本」《江談抄》的「顯光說話」為例，探討《江談抄》詩話以外的篇章特色，認為此書的敘事立場基本上與《中外抄》、《富家語》接近，與其稱為「說話文學」，更應該說是「政治屬性，採日記般書寫形態的說話式記事」，才更貼近《江談抄》的本質，[56]而這一點也與前述美濃部重克所言，大江匡房站在「文人政治家」的立場談話的特徵相呼應。

不過《江談抄》中所採錄的官場軼聞，包含了不少揭露朝廷人事不睦或不為人知的隱私秘辛。如〈小野宮殿不被渡藏人頭事〉、〈範國恐懼事〉、〈經賴卿死去事〉、〈勘解

---

53 宋・魏泰，《東軒筆錄》（《唐宋史料筆記叢刊》，北京：中華書局，1997），頁 1。

54 宋・范鎮，《東齋記事》（《唐宋史料筆記叢刊》，北京：中華書局，1980），頁 1。

55 王水照主編，《宋代文學通論》（高雄：復文圖書出版社，2000），頁 497。

56 （日）池上洵一，〈ある顯光說話の足跡：《江談抄》における說話の「場」の問題〉，《說話論集》（大阪：清文堂出版，1991），頁 77-106。

相公與惟仲成怨事〉及〈菅根與菅家不快事〉等皆是，這與
《中右記》裡，藤原宗忠批評大江匡房未經查證便隨意記錄
他人隱私一事互為表裏。因此，和歐陽修的《歸田錄》、范
鎮的《東齋記事》或王得臣的《麈史》等多親見、親聞的筆
記相比，《江談抄》雖收載不少同朝的人物事迹和官場軼聞，
但做為文獻史料的價值，卻遠低於《歸田錄》、《麈史》之
類的筆記著述。

（五）語錄體的記述形式

關於《江談抄》語錄體的研究，多以「言談的場」的角
度，分析大江匡房與弟子、賓客的問答，構築起記錄者與口
述者間的筆錄模式。[57]至於此書為何採用語錄體一事，至今
並沒有一個明確的解答，一般多只概略地歸結於《江談抄》
第五末尾的記載，也就是大江匡房欲傳承弟子大江家「道之
秘事」，進而帶出師徒對談使用語錄體的契機。

宋代「道學家師弟傳授的文字常常採用語錄體，也是仿
效唐以來僧徒記錄師語的形式」[58]，而這股風潮也吹向了筆
記著述。鄭憲春認為語錄體筆記起始自宋代，數量也相當多。
[59]採語錄體形式記載，可以說是宋人筆記的另一大特色。如

---

57 （日）益田勝實，〈貴族社会の説話と説話文学〉，《国文学：解釈
　　と鑑賞》30.2（1965.2），頁 40-44。
　　（日）小林保治，〈言談の記録と記録の抄録〉，《日本文学講座 3：
　　神話・説話》（東京：大修館書店，1987），頁 208-226。
　　（日）小峯和明，〈説話の場と語り〉，收錄於（日）本田義憲等編，
　　《説話の講座》（東京：勉誠社，1991），第 1 冊，頁 101-121。
58 孫望、常國武主編，〈總論〉，頁 8。
59 鄭憲春，《中國筆記文史》，頁 284。

《韓忠獻公遺事》、《晁氏客語》、《王氏談錄》、《丁晋公談錄》、《賈氏譚錄》、《楊文公談苑》、《師友談記》、《談苑》及《孫公談圃》等等皆是語錄體筆記。另外，有的筆記書名看不出與談錄的關係，但書內不少記述也是採用語錄體的形式，如《湘山野錄》及《東齋記事》等。

　　宋強至（1022-1076）所編記述韓琦事迹的《韓忠獻公遺事》，王欽臣（約 1034-1101）記其父王洙（997-1057）語錄的《王氏談錄》及劉延世筆錄孫升（1037-1099）口述的《孫公談圃》，皆以「公言」或「公曰」標示前人言論，留下不少對談的形式。而宋祁（998-1061）的《宋景文公筆記》，現今只留下約 170 條的內容，「皆故事異聞，嘉言奧語，可為談助。不知何人所編，每章冠以公曰」（《郡齋讀書志》），[60]顯示語錄體筆記在筆錄先人、長輩的言談時多以「公言」或「公曰」的形式標示。而「類聚本系」的《江談抄》則以「被命云」或「被仰云」等表達敬意的形式，[61]標示出談話者為大江匡房。另外，在「古本系」中的「水言鈔」裡，有明確地以「江都督[62]（大江匡房）言談」點出發話者身分的例子存在，據甲田利雄的研究，推測同是古寫本的「前田本」應也有同樣的標記。[63]

---

60 宋・晁公武，《郡齋讀書志》（《書目續編》，臺北：廣文書局，1967），頁 782。

61 這種表示敬意的形式，稱為「教命」，最早出現在藤原師輔回憶其父藤原忠平生前的談話記錄裡。

62 日本官制「大宰帥」的唐名稱為「都督」，因此曾任太宰權帥的大江匡房又被稱為「江都督」或「江帥」。

63 （日）甲田利雄，〈水言鈔の概觀〉，《校本江談抄とその研究》（東京：續群書類從完成会），1988，頁 5-12。

　　如鄭憲春所言，語錄體筆記起始自宋代，從北宋盛行語錄體筆記的大環境來看，《江談抄》一書以語錄體形式採錄世間雜事瑣聞，可能是受到這些宋代筆記的影響。

四、小　結

　　總結前言，上節（一）「《江談抄》詩話與宋詩話的關聯」：《江談抄》中的詩話，在「論詩及辭」方面，其撰寫形式與北宋詩話相同；而「論詩及事」方面，有部分詩歌本事是直接改寫自宋代筆記中的短篇故事，也有一部分記事來自唐代筆記的影響。（五）「語錄體的記述形式」中：《江談抄》是日本首部語錄體的隨筆，由於語錄體筆記自宋代後才開始盛行，因此大江匡房採用語錄體形式記述詩話、官場軼聞，極可能受到宋代語錄體筆記的影響。（二）「作者與讀者的身分」、（三）「非在公在朝的著述」、（四）「補正史之無、裨掌故之闕」則歸納了此書與宋代筆記相符的特色。由於歷代筆記、筆記小說的題材內容廣泛駁雜，（二）、（三）、（四）項也符合唐代筆記的特色，因此在這幾個項目上也不能排除影響來自唐代筆記或其它來源的可能性。不過，整體來說，《江談抄》一書的體裁和宋代筆記是一致的。特別是從語錄體的隨筆、詩話型式的文學批評，以及北宋中葉後詩話偏重考據注釋等特徵來看，應可以確認《江談抄》的確受到北宋詩話筆記的影響。

　　大江家的書庫──「江家文庫」的燒毀，使得調查大江匡房所藏漢籍一事困難重重。不過，大江匡房如何接觸到唐、

宋筆記一事，可從他另一則談話得到線索。他談到曾向宋商購買過宋人所注杜甫、王勃等唐人詩集，這則閒談記載在《江談抄》裡，[64]可見當時要取得宋刊書籍的管道十分暢通。「宋代公私刻書業的興盛使書籍得以大量流通，不但皇家秘閣和州縣學校藏書豐富，就是私人的藏書也動輒上萬卷」，[65]「因拜雕版印刷之賜，印本購求容易，圖書流通便利」，[66]詩選、評注、詩話、詞話及筆記等前代、當代的私人著述廣泛流傳，要取得這些大量印製的單本詩文集或筆記並不困難。

　　在盛行佛教說話的平安朝裡，一部非佛教說話的語錄體隨筆《江談抄》問世，在它出現之前，日本找不到和此書相同形態的作品。沒有前例可尋的撰寫形式，使此書被定義為不成熟、特異的說話作品。但在平安朝外，一衣帶水的鄰國宋，卻存在著許多與《江談抄》形態類似的著作。北宋文學和大江匡房作品之間有何連繫，一直是一個受到學界關切的主題。目前《江談抄》的研究多以「言談的記錄」或「單篇記事的中日典故考察」為主，未見針對整體構成進行全面的分析考察。筆者提出《江談抄》與宋筆記的體裁研究，是希望能從另一個視點，尋得不同的可能性或解答，將《江談抄》的研究推展到另一個面向。

64　「又被命云、注王勃集、注杜工部集等。所尋取也。元稹集度々雖誂唐人、不求得云々。（《江談抄》第五・5・〈王勃元稹集事〉）」，《江談抄・中外抄・富家語》（東京：岩波書店），頁 526。
65　袁行霈主編，《中國文學史》，臺北：五南圖書出版社，2003，頁 5。
66　張高評，〈圖書傳播與宋詩特色 ── 宋代印刷文化史研究之一〉，收錄於鄧喬彬編，《第五屆宋代文學國際研討會論文集》（廣州：暨南大學出版社，2009.8），頁 5。

　　不過，《江談抄》全書所收錄的記事數量頗多，針對整體的形態進行歸納分析時，無法顧及所有層面。除了宋筆記外，此書與其它歷代筆記，特別是與唐代筆記之間的關聯也有待進一步的調查，方能完整釐清《江談抄》與中國文學間縱橫交錯的關係。

第四章　冥官篁說話與北宋文學之接點

—— 以〈源公忠說話〉為中心*

一、前　言

　　小野篁（802-853）為平安朝前期的文人，精通漢詩、和歌，父親是《凌雲集》的撰者小野岑守。天長八年（831），他成為《令義解》的撰者之一，並為《令義解》撰寫序文，天長十年成為東宮學士並兼任彈正少弼。承和五年（838），他被任命為遣唐副使，因為和大使藤原常嗣因海船的問題起了爭執，最後以健康及照顧母親為由，拒絕渡航。之後又寫了諷刺遣唐使的《西道謠》激怒了嵯峨上皇（786-842），因而被流放至外島的隱岐。不過到了承和七年（840），朝廷忽然赦免他的罪刑，又以才學過人為理由，讓小野篁恢復本職，

＊ 本文為筆者 96 年度國科會研究計畫之一部分，原計畫名稱為〈北宋文學作品對院政期文學創作的影響 —— 太宰府赴任後的大江匡房 —— 〉，計畫編號：NSC 96-2411-H-320-001-，特此致謝。

此後他仕途順遂，逝世前升至參議左大弁從三位。他的個人作品有漢詩集《野相公集》一書，但已散失，另有私家集《篁集》傳世。小野篁除了以其漢詩文、和歌作家的身分爲人所知外，各種與他有關的神秘故事盛傳，更是他成爲後世研究對象的主要原因。而在與小野篁相關的眾多傳說之中，以他擔任地府冥官一事最負盛名及爲人所津津樂道。

　　小野篁擔任地府冥官的傳說（以下以「冥官篁說話」稱之），以《江談抄》爲濫觴，爾後由爲數眾多的文獻尤其是說話集所沿襲，隨著時代更迭，陸續發展出「冥婚故事」及「地獄第三冥王說」等傳說。許多研究都指出，小野篁以一介文人之姿，卻在後世的軼聞傳說中，被比作審判罪人之地獄冥官，一方面是因其曾任執法機構「彈正臺」的官員，一方面則是與小野篁曾自流放地復職的經歷有關；在當時，官員被流放就好比被判了無期徒刑，雖不致立刻喪命，卻無疑是一趟有去無回的旅程。但小野篁不但自流放地歸來，隨後還被恢復官職並步步高升，這出乎眾人意料的人生經歷，被認爲是後人塑造小野篁成爲自由往返冥府之冥官的由來之一。[1]然而，前人雖自各種角度考據及分析了小野篁地府冥官

1　（日）石原昭平，〈篁說話の形成 ── 文人と冥官〉，《篁物語新講》（東京：武藏野書院，1977），頁 191-198。
　　（日）黑木香，〈小野篁の変貌 ── 冥官説話の変化をめぐって〉，收錄於（日）稻賀敬二編，《源氏物語の内と外》（東京：風間書房，1987），頁 431。
　　（日）菊池真，〈遣唐使の文学 ── 小野篁伝説の形成 ── 〉，收錄於（日）田中隆昭、王勇編，《アジア遊学》（東京：勉誠出版，1999），頁 124-134。
　　（日）山本安津惠，〈小野篁婿入冥官譚の形成と展開 ── 説話集と

一形象的生成，卻不曾深入探討整個冥官篁說話結構形成的要素，尤其是與此一說話濫觴《江談抄》作者大江匡房的關聯。

「類聚本」系統的《江談抄》中與冥官篁角色相關的作品共有〈公忠弁忽頓滅復活俄參內事〉、〈野篁并高藤卿遇百鬼夜行事〉與〈野篁爲閻魔廳第二冥官事〉等三篇；但後兩篇在「古本系」《江談抄》中原爲同一篇，在「類聚本」的《江談抄》才被分爲二篇。本文以描述源公忠死而復生的〈公忠弁忽頓滅復活俄參內事〉篇章爲對象，針對其中冥官篁形象並旁至其他情節要素進行考據，分析其中所存在的天神信仰及與中國宋代文學相連的軌跡，以此釐清冥官篁說話結構的形成，及大江匡房在冥官篁說話形成的過程中所扮演的角色。

二、從〈唐太宗入冥〉到〈醍醐帝入地獄〉

「類聚本」《江談抄》〈公忠弁忽頓滅復活俄參內事〉所收源公忠說話，其中「公忠」即故事主角源公忠，「弁」

朗詠注〉，《国語国文学研究》37（2002.2），頁 305-320。

（日）高木功一，〈〈冥官篁〉の成立—逸勢、道真との連想から〉，《日本文学論究》59（2000.3），頁 107-116。

（日）鈴木裕子，〈小野篁冥界入り説話〉，《仏教説話の世界》11（1992.3），頁 131-141。

（日）竹居明男〈源公忠蘇生譚覚え書 —— 大江匡房と天神信仰 —— 〉，《文化史学》44（1988.11），頁 162-168。

（日）勝部香代子，〈天神信仰と醍醐天皇周辺〉，《文学・史学》2（1980.5），頁 52-66。

則指其官職右大弁。源公忠（889-948）是大藏卿源國紀的次男，光孝天皇之孫，歷任民部少輔、山城守、近江守，官至右大弁。天慶三年（940）曾被命爲大宰大貳，但並未赴大宰府當地任官。他深受醍醐天皇（885-930）和朱雀天皇（923-952）的信任，也是平安中期著名的歌人。與他相關的說話中，最有名的就是他死而復生後所傳述的冥界見聞。其主要內容如下：

> 公忠弁俄頓滅，歷兩三日蘇生。告家中云：「令我參內。」家人不信以爲狂言，依事甚懇切，被相扶參內。參自瀧口戶方申事由。延喜聖主驚躁令謁給。奏云：「初頓滅之剋、不覺而到冥官。門前 A 有一人。長一丈餘、衣紫袍捧金書札訴云：『延喜主所爲尤不安者。』堂上有紆朱紫者卅許輩。B 其中第二座者咲云：『延喜帝頗以荒涼也。若有改元歟』云々。事了如夢忽蘇生。」因之忽改元延長云々。次談話及古事。（《江談抄》第三·33·〈公忠弁忽頓滅蘇生俄參內事〉）²

　　引文內容敘述源公忠猝死後，靈魂在閻王殿中目睹菅原道真向包括小野篁在內的冥官們，控訴醍醐帝將自己流放之事。後源公忠死而復生，隨即上朝向醍醐帝面奏此事，並轉

2　（日）大江匡房著，（日）山根對助、（日）後藤昭雄、（日）池上洵一校注，《江談抄·中外抄·富家語》（《新日本古典文學大系》，東京：岩波書店，1997），頁 501。另外，最早的寫本「神田本」欠缺源公忠復活的談話記事。

告有冥官稱醍醐帝政行不良，需更改年號以避災禍。爾後，「延喜主」醍醐帝果然改元延長。

　　《江談抄》源公忠說話中 A 與 B 處雖未指名道姓，但其實各指菅原道真和小野篁。後者的「第二座者」，在《江談抄》〈野篁爲閻魔廳第二冥官事〉中，明確地記述了小野篁爲冥府之「第二冥官」。[3]至於前者菅原道真，在此雖未記述其名，但由於後世收錄該源公忠入冥記之《北野天神緣起》等資料中，皆有明確記爲菅原道真的文字，所以一般認爲，《江談抄》源公忠說話於冥府告狀之人物即爲菅原道真。另外，《江談抄》內另一篇章〈聖廟西府祭文上天事〉中有文云：

> 聖廟，昔於西府造無罪之祭文於山山名可尋訴，祭文漸々飛上天云々。（《江談抄》第六・45・〈聖廟西府祭文上天事〉）[4]

　　此段內容在描述菅原道真爲表明自己清白而撰寫祭文，而且該祭文竟有如受天感應一般冉冉升天。在《江談中》古

3　《古事談》、《北野天神緣起》的諸本（除安樂寺本外的諸本），《帝王編年記》、《太平記》中所載的源公忠說話皆承繼了《江談抄》冥官說話的形式，皆記述小野篁爲「第二冥官」。其它，《北野天神緣起》（安樂寺本）或《三國傳記》等，則記爲「第三冥官」。關於此一問題，黑木香氏指出在佛教的影響下，小野篁的身分從「『第二冥官』、『第三冥官』，轉化成『閻王』」。（日）黑木香，〈小野篁の變貌 —— 冥官說話の變化をめぐって〉。但至於何以產生第二、第三冥官差異的問題依然未解。

4　《江談抄・中外抄・富家語》（東京：岩波書店），頁 543。

抄本之一的《水言鈔》中，將此菅原道真之祭文上天故事配置於源公忠復活的故事前；而另一古抄本「前田本」中則是兩則故事合而爲一，在菅原道真主張自己清白之情節後，即出現於冥府控訴之場面，相較之下，「前田本」更加完整地呈現出菅原道真控訴之來龍去脈。

　　在此篇以源公忠爲主角的冥官篹說話中，菅原道真雖不是故事主角，卻是扮演著串聯起所有故事情節的一個關鍵角色。菅原道真因與醍醐帝不合，又遭右大臣藤原時平誣陷，被流放至九州大宰府，三年後抑鬱而終。後來發生宮中建築因落雷遭祝融焚毀、皇太子不幸早逝等一連串事件，世間開始謠傳這些災厄是菅原道真怨靈所下的詛咒，因此朝廷除了追復他的官職外，又在北野興建天滿宮祭祀菅原道真，爾後神格化的菅原道真被稱爲天神。《北野緣起》一書則收載了菅原道真生前，與逝世後的所有傳說及神跡。

　　在菅原道真眾多的傳說之中，他所登場的這篇源公忠復活故事，常被拿來與略早於《江談抄》的〈道賢上人冥途記〉（後被收入《扶桑略記》）一篇相提並論，原因就在於這兩篇故事中可互相做爲參照的「醍醐帝入地獄」情節。在此節錄〈道賢上人冥途記〉文字：

> 天慶四年辛丑春三月……道賢上人冥途記云：弟子道賢今名日藏，以去延喜十六年春二月，年十有二，初入此金峯山，即於發心門椿山寺，剃髮改衣……于時天慶四年八月二日午時許，居壇作法之間，枯熱忽發。喉舌枯燥，氣息不通。窮自思惟，既言無言，何得呼

人，泣唯作息。思惟之間，出息已斷也。……佛子赴
入巖穴，即得蘇生。<u>于時天慶四年八月十三日寅時
也。入死門畢，已經十三个日，僅得再生，記冥途事
而已。又追註記入死門間夢事</u>。金峰菩薩令佛子見地
獄時，復至鐵窟，有一茅屋。其中居四箇人，其形如
灰爐。<u>一人有衣，僅覆背上。三人裸袒，蹲踞赤灰</u>。
獄領曰：「<u>有衣一人，上人本國延喜帝王也。餘裸三
人，其臣也。君臣共受苦</u>。」王見佛子，相招云：「<u>我
是日本金剛覺大王之子也。而今受此鐵窟之苦，彼太
政天神以怨心燒滅佛法，損害眾生，其所作惡報，惣
來我所。我為其怨心之根元故，今受此苦也。太政天
者，菅臣是也</u>。此臣宿世福力，故成大威德之天。我
父法王令險路步行心神困苦，其罪一也。予居高殿，
令聖父坐下地焦心落淚，其罪二也。賢臣無辜，誤流，
其罪三也。久貪國位，得怨滅法，其罪四也。令自怨
敵害他眾生，其罪五也。是五為本，餘罪枝葉無量也。
受苦無休，苦哉悲哉。汝知我辭，可奏主上。我身辛
苦，早可救濟。云々。又攝政大臣可告為我拔苦，起一
万率都婆。」已上。（《扶桑略記》第廿五）[5]

　　道賢又名日藏，在入聖山金峰山修行時，突然昏厥猝死，
經過十三天後竟復生的他，寫下了他的冥途經歷：道賢死後
被金峰山菩薩引領進入地獄時，看到延喜帝（醍醐天皇）和

5　（日）皇圓，《扶桑略記》（《新訂增補国史大系》，東京：吉川弘
　　文館，1965），頁219、220、222。

臣子三人在地獄受苦。延喜帝說明自己因為不遵從上皇的意旨而流放菅原道真，以及其它罪行等，使他過世後淪落至地獄受刑，而菅原道真則因宿世福報成為大威德天神。大江匡房撰《本朝神仙傳》日藏傳中，記日藏在室生山龍門寺的修行事跡，其中寫到「昔於金峰山入深禪定，見金剛藏王并菅丞相靈，事見於別記。」[6]指的便是道賢的冥府遊歷。

自古帝王雖賢明、昏庸各有姿態，其所統治的百姓也擁戴、厭惡各有所表，但以尊貴的帝王之姿落入黑暗之最的審判場所 —— 地獄一途，卻是極少見甚至可說是前無古人的情節安排。綜觀源公忠說話、〈道賢上人冥途記〉兩篇文章，雖各自有其不同的描寫重點：源公忠說話重在側寫記錄源公忠死後入閻王殿之所見所聞，及復生上稟醍醐帝致其改元一事；〈道賢上人冥途記〉則較詳細地描寫了醍醐帝因遭菅原道真怨恨而墮入地獄受苦的過程，而《江談抄》成書晚於〈道賢上人冥途記〉，但其描寫的事件是醍醐帝還未入地獄、尚在人世時所發生的，在事件的時間點上是較早的。川口久雄指出，冥官篁說話及〈道賢上人冥途記〉之醍醐帝入地獄說，此兩部作品之骨架，乃分別各自承襲了敦煌變文的〈唐太宗入冥記〉。[7]石原昭平也贊同川口久雄之說，認為唐代小說〈唐

6　（日）大江匡房著，（日）井上光貞、（日）大曾根章介校注，《本朝神仙伝》，收錄於《往生伝・法華驗記》（《日本思想大系》，東京：岩波書店，1974），頁 585。

7　川口氏指出，小野篁冥官在唐代小說〈唐太宗入冥記〉中相當於冥官崔子玉。（日）川口久雄，〈敦煌変文の素材と日本文学 —— 唐太宗入冥記と北野天神縁起 —— 〉，《敦煌よりの風 2》（東京：明治書院，1999），頁 228-255。本文初出《仏教文学研究》5（1967.5），頁 7-42。

太宗入冥記〉影響了冥官篁說話。[8]

〈唐太宗入冥記〉爲唐代小說，描寫唐太宗因「玄武門之變」，被遭其殺害的兩位兄弟李建成與李元吉控訴而墮入地獄，但卻在地獄遇見了崔子玉。崔子玉爲唐朝時臣，在陽世任官職的同時也在陰間出任地獄判官。後來唐太宗在崔子玉的幫助下又安然重返人世。

因全文較長，以下節錄〈唐太宗入冥記〉中所載之相關文句：

> □□即引行，帝乃隨逐入得朝門蕭〔牆〕立定。通事捨□（人）「□（引）唐天子太宗皇帝李某乙生魂。」……「今問□□判官名甚姓□（誰）？」……「□□（判官）姓催名子玉。」「朕當識。」纔言訖，使人引皇帝至□□（判官）□院門，……帝曰：「卿既與李乾風爲□□（知己）朝庭，情分如何？」子玉曰：「臣與李乾風爲朝庭已來，□□（情同）管鮑。」……□（催）子玉奏曰：「二太子在來多時，頻通款狀，苦請追取陛下□□（對直），稱訴冤屈，詞狀頗切，所以追到陛下對直。陛〔下〕若不見□□（兄弟），臣與陛下作計校有路；陛下若入曹司與二太子相見，□□冤家相逢，臣亦無門救得，陛下應不得却歸長□（安）。惟陛下不用看去，甚將穩便。」帝聞此語，更不敢□□（看去），遂忽忽上廳而坐，其催子玉於階下立。六曹官入□□皇帝，

8　（日）石原昭平，〈小野篁冥官説話の諸相〉，《国文学：解釈と鑑賞》55.8（1990.8），頁69-73。

唱喏走入，拜了起居，再拜走出。**A 帝問催**□□（子玉）
曰：「適來廳前拜者是何人？」催子玉奏曰：「是六
曹官。」帝又問：「何為六曹官？」催子玉奏曰：「陽
道呼為六曹官，□□□（陰道亦）**呼為六曹官。」**皇帝
曰：「卿何不上廳與朕相伴語□（話）？」□（催）子玉
奏曰：「**B 臣緣官卑，不合〔與〕陛下同廳對坐。」**……
C 命祿額上添祿，又注：「十年天子，再歸陽道」……
「臣緣在生官卑，見□（任）輔陽縣尉。乞陛下殿前賜
臣一足之地，立死□（亦）幸。」皇帝語子至：「卿要
何官職，卿何不早道！」又□（問）：「是何處人事（氏）？」
催子玉奏曰：「臣是蒲州人事（氏）。」皇帝曰：「□
（賜）卿蒲州刺吏兼河北二十四州採訪使，官至御史大
夫，賜□□（紫金）魚袋，仍賜輔陽縣庫錢二萬貫與卿
資家。」……。（〈唐太宗入冥記〉）[9]

　　太宗墮入地獄與閻王會面後，隨即被帶往判官「崔（催）
子玉」處。崔子玉帶領太宗參觀地府，在 A 引線處，崔子玉
說明了地獄冥府與現世政府相同，都設有六曹官（隸屬於中
央尚書省之吏、戶、禮、兵、刑、工之官吏），可看出冥府
組織與人世政府體制的相對照。在 B 引線處，記載崔子玉表
示因自身官位低微，不敢上廳與太宗對坐。另外在 C 引線處，
記載崔子玉因在現世中的官位卑微，原以為此生不可能有謁
見皇帝的機會，而後利用了這次在冥府親見皇帝的機會，以

---

9 黃征、張涌泉校注，《敦煌變文集新書》（北京：中華書局，1997），
　頁 319-322。

讓太宗延壽十年爲條件，換取現世的升官，從小小的輔陽縣
尉高升爲蒲州刺吏、河北探訪使、御史大夫。

　　〈唐太宗入冥記〉前後文殘缺，不過《朝野僉載》也收
載了唐太宗的入冥故事，兩相對照，《朝野僉載》載有李淳
風預言太宗入冥的情節，而後太宗入冥途的經歷及崔子玉名
字則被省略：

> 太宗極康豫，太史令李淳風見上，流淚無言。上問之，
> 對曰：「陛下夕當晏駕。」太宗曰：「人生有命，亦
> 何憂也。」留淳風宿。太宗至夜半，奄然入定，見一
> 人云：「陛下暫合來，還即去也。」帝問：「君是何
> 人？」對曰：「臣是生人判冥事。」太宗入見，冥官
> 問六月四日事，即令還。向見者又迎送引導出。淳風
> 即觀玄象，不許哭泣，須臾乃寤。至曙，求昨所見者，
> 令所司與一官，遂注蜀道一丞。上怪問之，選司奏，
> 奉進止與此官。上亦不記，旁人悉聞，方知官皆由天
> 也。（《朝野僉載》）[10]

　　〈唐太宗入冥記〉中的「李乾風」，蕭登福認爲是「李
淳風」的誤寫。[11]陳登武針對內容指出：「從地獄書寫的角
度看，〈唐太宗入冥記〉顯然是脫胎自張鷟《朝野僉載》，

---

10 唐・張鷟《朝野僉載》（《唐宋史料筆記叢刊》，北京：中華書局，
　　1979），卷6，頁148-149。

11 蕭登福，〈敦煌寫卷〈唐太宗入冥記〉之撰寫年代及其影響〉（下），
　　《中華文化復興月刊》18.6（1985.6），頁62。

但書寫手法卻又明顯受到唐臨影響。諸如六曹官、判官等描述，而地獄是屬於佛教的地獄無誤。」[12]

雖說因為風土、人物及歷史事件之差異，呈現出不同故事情節及角色人物，但唐代的〈唐太宗入冥記〉成為了孕育〈道賢上人冥途記〉，以及《江談抄》中冥官篁說話「醍醐帝入地獄」一情節的土壤，卻是有跡可循的。

〈唐太宗入冥記〉裡對太宗畢恭畢敬的崔子玉，以交換條件的手法獲得在現世出人頭地的保證，其聰慧機敏的小官吏形象因而栩栩躍然紙上。相對的，《江談抄》裡的小野篁在穿著象徵高位的朱色和紫色的官袍的三十人中，位居第二高位，而他建議皇帝改元之言行舉止、不卑不亢的笑容，亦顯示出其身分之崇高。雖然小野篁扮演著和崔子玉相同的冥官角色，但兩人作為冥官的位階及言行舉止的差異在文章中可說是一目瞭然。若說身為冥界高官的小野篁，與崔子玉單純的結合，僅是為了美化傳說，這種說法並不能完全交待上述位階差異之疑問。下節將從崔子玉所任「判官」職務之位階為出發點，更進一步探討並歸納其中可能的原因。

三、中、日文學中的冥官角色

如前所述，《江談抄》中的源公忠說話，及《扶桑略記》中〈道賢上人冥途記〉，在故事結構上同樣對於「帝王入地

---

12 陳登武，〈中古佛教地獄審判故事的法制意義〉，《地獄・法律・人間秩序 —— 中古中國宗教、社會與國家》（臺北：五南圖書，2009），頁144。

獄」做了不同角度及時間點的描寫，但在人物角色的安排中，〈道賢上人冥途記〉則明顯欠缺了如崔子玉這樣的冥官角色。直到較晚成書的《江談抄》中，才有大江匡房以醍醐帝尚在人世的前傳形式，在菅原道真於冥府控訴醍醐帝罪行場面中，讓小野篁以冥官之姿登場。而在探究從小野篁對於崔子玉冥官形象的繼承之前，應先了解「冥官」在中日文學傳統中各自所有的軌跡。

中國唐代冥府小說中的審判書寫，「判官」多以閻王的幕僚登場。以下茲錄幾則相關記述如下：

> 鄧成者，豫章人也，年二十餘曾暴死。所由領至地獄，先過判官，判官是刺史黃麟，麟即成之表丈也，見成悲喜，具問家事，成語之，悉皆無恙。（《廣異記》）[13]

> 安平崔環者，司戎郎宣之子。元和五年夏五月，遇疾於滎陽別業。忽見黃衫吏二人，執帖來追，遂行數百步，入城。城中街兩畔，官林相對，絕無人家，直北數里到門，題曰「判官院」見二吏迤邐向北，亦有林木，袴靴裰頭，佩刀頭，執弓矢者，散立者，各數百人。同到之人數千，或杻，或繫，或囊盛耳頭，或連其項，或衣服嚴然，或簪裙濟濟，各有懼色，或泣或歎。其黃衫人一留伴環，一入告。……乃敕伴者令送歸。環曰：「判官謂誰？」曰：「司戎郎也。」（《玄

---

13 唐・戴孚，《廣異記》（北京：中華書局，1992），頁 144。

怪錄》）[14]

　　在《廣異記》中，描述死魂要入地獄受審，得先經過判官一關；《玄怪錄》中，甚至出現了特別爲判官設置做爲審問場所的「判官院」，可見在冥府小說中，判官一角可說是推展審罪情節的關鍵角色。

　　中國文學中最早將「判官」一職納入冥府或地獄組織的作家，是唐代的唐臨。他在著作《冥報記》中所描寫的地獄組織和審問制度，常爲後人在撰寫以地獄或冥府爲主題的小說時加以沿襲，「判官」也就此成了冥府司法系統中的一員。唐臨曾歷數任司法相關官職，亦曾參與法典《唐律疏義》的編纂，熟稔唐代的法律制度及法制體系。「若從法制的角度觀察，唐臨《冥報記》第一個重要的特色，是將唐代俗世官僚體系移植到地獄中，使得地獄官僚結構更加完善。首先，唐臨所勾勒的冥界審判組織，完全是俗世官府的投影」。[15]唐臨在撰述《冥報記》時，便是在前朝小說的地獄組織基礎之上，置入唐代的官僚體系和司法制度，使得整個冥府的司法系統更爲具體。唐臨更首創「生人判冥事」的書寫，對後世的冥判文學影響深遠。[16]在此茲錄《冥報記》〈柳智感〉「生人判冥事」的故事片段：

14 唐・牛僧孺撰，程毅中點校，《玄怪錄》（臺北：文史哲出版社，1989），卷 2，頁 28。
15 陳登武，〈中古佛教地獄審判故事的法制意義〉，頁 132。
16 陳登武，〈中古佛教地獄審判故事的法制意義〉，頁 123-145。

河東柳智感以貞觀初為興州長舉令，一夜暴死，明日
而蘇，說云，始為冥官所追，至大官府，使者以智感
見王，謂曰：「今有一員官闕，故枉君來任之。」智
感辭以親老，且自陳福業，未應便死。王使勘之，信
然，因謂曰：「君未當死，可權判錄事。」智感許諾
拜謝。吏引退至曹，曹有 判官 五人，連感為六。其廳
事是長官人坐。三間各有牀，案務甚繁擁，西頭一座，
空無判官，吏引智感就空坐。有羣吏引將文簿來取智
感判，置於案上，而退立階下，……日暮，吏送智感
歸家，蘇而方曉。自後家中日暝，吏輒來迎，至彼而
旦。故知幽顯反晝夜矣。於是夜判冥事，晝臨縣職，
遂以為常。（《冥報記》）[17]

　　文中寫道：柳智感於夜間猝死，卻又於隔日復生。而在
他魂入冥府的這段時間，被冥使賦予判官一職，於是復生之
後，他白天出任縣令，夜晚則開始在冥府工作，擔任判官一
職。柳智感一角也是此類冥報小說中活冥官的代表，自《冥
報記》之後，「生人判冥事」也成為入冥作品的主題之一，
如南巨川《續搜神記》及張鷟《朝野僉載》裡皆可見「生人
判冥事」的故事。再看〈柳智感〉冥判故事中描寫的冥府組
織，完全是人世官僚體制的投射，如冥府中的六曹判官、長
官等職務，乃是唐代六部及四等官制的如實反映。

　　唐代官制分為四等，各官廳職員分為長官（一等）、通

---

17 唐・唐臨撰，方詩銘輯校，《冥報記》（北京：中華書局，1992），
　　下，頁 77-78。

判官（二等）、判官（三等）及主典（四等）四個等級，並
分別嚴格訂定所分掌之事務；三等以上判官被授予裁決權
限，而通常一個案件會由數位判官共同分擔批示，後上呈通
判官，最後再由該官廳長官裁決執行，由下而上形成一個完
整的系統。

　　判官執掌審判相關職務，據《通典》記載，犯者若官階
爲五位以上，在京城由大理寺負責審判，在地方則由上佐負
責，[18]而官階六位以下犯者，則是交付判官負責審理，另外，
在《唐令拾遺》中，明確記載判官應親自審問犯人：

　　　　諸決大辟罪，官爵五品以上，在京者大理正監決，在
　　　　外者上佐監決，<u>餘並判官監決</u>。（《通典・刑法典》）[19]

　　　　<u>諸問囚，皆判官親問</u>，辭定令自書款，若不解書，主
　　　　典依口寫，訖對判官讀示。（《唐令拾遺》，開元二
　　　　十五年條）[20]

　　對照《廣異記》「領至地獄，先過判官」，來到地獄的
犯人應先經過判官這一關，由判官審問其罪狀，這樣的描寫
如實地反映了世俗的司法審判制度，讓虛構的小說增添了現

18　《通典》卷 33〈總論郡佐〉，「凡別駕、長史、司馬，通謂之上佐。」
　　唐・杜佑撰，王文錦點校，《通典》（北京：中華書局，1988），頁
　　910。
19　唐・杜佑撰，王文錦點校，《通典》，頁 4349。
20　（日）仁井田陞編，《唐令拾遺》（東京：東京大学出版会，1964），
　　頁 781。

實的真實感。在唐代官僚體系中，判官雖非位居權力核心之高官，且相關法令規定只能審判六位以下的犯者，不過判官常以審判罪人之姿出現在冥府小說中，也是因為判官需親自審問的職權能為小說帶來臨場感。因此在〈唐太宗入冥記〉中，崔子玉儘管官階低微，卻能夠審訊唐太宗，正因為判官審訊犯者是唐代冥府小說常見的情節之一。

另一方面，檢視日本的冥官故事，在《江談抄》冥官篁說話以前出現的冥官角色，主要出現在佛教說話之中：

> 沙門源尊，以幼童時離父母家。來住法家，心操軟淨，永背不善，稟持法華，日讀誦數部，未得諷誦。盛年之比，受取重病，數日惱苦，即入死門。臨至冥途，趣閻王庁。<u>冥官冥道首戴冠，鬼身著欠掖，或著甲胄，又著裲襠，腰帶屬鑺，手捧戟鉾，或向書案開笈櫃等，或簡牒註記善惡</u>，見其作法尤可怖畏。傍有貴僧，手執錫仗，又持經箱，即申閻王：沙門源尊……。（《大日本國法華經驗記》〈源尊法師〉）[21]

> 《藥恒法華驗記》云：延喜年中，仁和寺仁元內供弟子僧平如，與粟田錄事成師檀契。……爰錄事臥病，卒去已訖。經日夜後，再以蘇生。語云：<u>冥使</u>追行，乃到一城，立於門下。於是，花麗高僧一人出來，教

---

21 （日）井上光貞、（日）大曾根章介校注，《大日本國法華經驗記》，收錄於《往生伝・法華驗記》（《日本思想大系》，東京：岩波書店，1974），頁 525。

錄事云：「閻王必有考訊生前善業者。汝可報言，我有書寫法華經願。……即召廳前，閻王問曰：汝一生間，修何功德？答言：發可奉書法華經願。大王驚敬，合掌尊重。即仰有司，令考虛實。冥官勘札，无立願文。王思慮曰：縱雖妄語，述造經願，須速放還。錄事懷喜走出。（《扶桑略記》引用《藥恒法華驗記》逸文）[22]

　　《大日本國法華經驗記》簡稱《法華驗記》，在源尊的冥府遊歷故事裡，冥府中除了閻羅王之外，還有類似牛頭馬面的鬼神、獄卒以及僧侶。《藥恒法華驗記》的仁和寺沙門平如入冥間，則見到了閻羅王及冥官。這些佛教說話中，冥官只不過是閻王之使者，並未如《江談抄》般被視為「第二把交椅」或「第二冥官」之高官，在這些佛教說話中也並未具有審問犯人的職權。[23]而成書於弘仁十四年（822）的《日本國現報善惡靈異記》，簡稱《日本靈異記》，乃是奈良藥師寺沙門景戒模仿唐臨《冥報記》所撰，也是日本最早的佛教說話集。書中所記述的地獄相關說話，僅有閻王登場未見冥官。

　　從以上比較可明顯看出，在中日各自的文學脈絡中，「冥官」角色的形象發展是不盡相同的。中國文學中的判官乃至

22　（日）皇圓，《扶桑略記》，頁173。
23　在《江談抄》之後的例子裡，有關冥官位階的記述，有《太平記》卷11〈先帝還幸の路次巡礼の事〉所記「第八冥官」之例。（日）長谷川端校注，《太平記》（《新編日本古典文學全集》，東京：小学館），第4冊，頁552。

於整個冥府審判系統，除了有現實與作家想像力的相結合，更加有時代的累積；相較於日本佛教說話，只以冥官概略稱呼冥府官員，並未如中國文學強調判官角色的存在，不若中國冥官形象完整而立體。而再看回源公忠說話中，對小野篁及冥府冥官的書寫，其佛教色彩十分淡薄，很難認為這是受到佛教說話影響。[24]且檢視小野篁在說話中的態度，以及文中將冥府官廳比作實際官僚體系看來，實際上更接近唐代以後冥府小說中的冥府官僚組織。唯一的差異是唐代冥府小說中的判官並非位居審判庭中第二位之高官。

　　《江談抄》完成之時代，對應中國已時至北宋，距離唐代的〈唐太宗入冥記〉已相當久遠。崔子玉的冥官形象也隨著時代變遷而有所變化。因此下節將著眼於與大江匡房時代相對應的北宋，探討冥官形象的生成轉變。

四、從崔子玉、崔府君到小野篁

　　中國的北宋時期，由於施行由國家全面掌管道教的政策，連帶地包含冥府冥官在內之所有神明，都在國家的管理或保護下被提高神格地位。判官崔子玉也因該政策而搖身一變成為尊貴的神明，被尊稱為「崔府君」。「宋代是繼唐以後中國道教又一個繁榮時期。其表現為理論研究深化，新神被大量引入，新教派立林，道書編撰蔚然成風。……這與宋

---

24 （日）川口久雄，〈敦煌變文の素材と日本文學 —— 唐太宗入冥記と北野天神緣起 —— 〉，頁 228-255。

代皇帝對道教的態度等有著密切關係。」[25]朝廷修復宮觀、撰拔道觀等一連串措施,「促使道教向有利封建統治的方向發展,明確了朝廷控制、利用道教的政策和宋代道教的官方性質,奠定了宋代道教管理制度以及道教發展的基礎。」[26]依據高橋文治與黃正健的說法,崔府君信仰起始於宋代,其起源相當複雜,相關文獻彼此之間也有著些許出入,而本質上是唐代地方神祇的崔縣令,與冥府崔判官兩個不同人物,因國家祭祀而被整合爲「崔子玉」一體。在政府的宣揚及扶植下,崔府君信仰在宋代逐漸普及,崔府君的神格也不斷提昇,受到民間廣泛祭祀:[27]

<u>廟在東京城北,即崔府君祠也。相傳唐滏陽縣令歿為神,主幽冥事</u>。廟在磁州。太宗淳化初,民有於此置廟。至道二年(996),晉國公主石氏祈禱有應,以其事聞。(中略)真宗景德元年,重修,春秋二祀。磁州廟,咸平元年(998)重修,<u>五年(1003)賜額曰崔府君廟。朝廷常遣官,主廟事。仁宗景祐二年(1035)七月,封護國顯應公</u>、仍令開封府・磁州遣

25 唐代劍,《宋代道教管理制度研究》,(北京:線裝書局,2003),頁 1。
26 唐代劍,《宋代道教管理制度研究》,頁 5。
27 (日)高橋文治,〈崔府君をめぐって ── 元代の廟と伝説と文芸〉,收錄於田中謙二博士頌壽記念論集刊行会編,《田中謙二博士頌壽記念・中国古典戲曲論集》,(東京:汲古書院,1991),頁 35-81。黃正健氏指出,唐代滏陽(輔陽)之崔姓縣令,死後受百姓祭祀,因〈唐太宗入冥記〉之流傳而與冥官崔子玉同化。黃正健,〈有關唐宋時期崔府君信仰之若干問題〉,收錄於榮新江主編,《唐研究》(北京:北京大學出版社,2005),卷 11,頁 295-312。

官祭告，具上公禮服。一在西京慶州。神宗熙寧八年（1075）十二月，詔府君廟，特加封號。（《宋會要輯稿》〈護國顯應公廟〉）[28]

依據《宋會要輯稿》，傳說崔府君為唐代滏陽縣的縣令，死後受封為神祇，司掌幽冥之事。而祭祀崔府君之廟宇，於真宗景德五年（1003）受封廟號為「崔府君」，朝廷經常派遣官吏前往祭祀。更在仁宗景祐二年（1035），依敕令贈予崔府君「護國顯應公」之封號。《宋大詔令集》中即收錄了該敕令之內容：

> ……眷是靈祠，本于外服。且以惠存滏邑，恩結蒲人。生著令猷，歿司幽府。案求世系，史逸其傳。尸祝王宮而民賴其福。陰施茲厚，寵數未崇。非所謂咸秩無文報有德也。宜錫顯號，加視上公。牢具采章，咸稱其禮。崔府君宜特封護國顯應公。（《宋大詔令集》〈崔府君封護國顯應公詔〉）[29]

《續資治通鑑長編》中記載：「奉之如嶽祠。」即是描述當時庶民尊敬崔府君，將他視同泰山府君般景仰，信仰虔誠：

---

28 清・徐松原輯，陳援庵等編，《宋會要輯稿》（北京：中華書局，1957），卷 1〈護國顯應公廟〉，頁 863。

29 宋・宋綬、宋・宋敏求編，《宋大詔令集》（臺北：鼎文出版社，1972），卷 137〈崔府君封護國顯應公詔〉，頁 485。

封崔府君為護國顯應公。府君，唐貞觀中為滏陽縣令，再遷蒲州刺史，失其名。在滏陽有愛惠名，立祠後，因葬其地。咸平三年，嘗命磁州葺其廟，而京師北郊及郡縣建廟宇，<u>奉之如嶽祠。於是因民所向而封崇之</u>。（《續資治通鑑長編》，仁宗景祐二年條）[30]

自古以來，東嶽泰山府君被世人視為冥府之神而備受崇拜，宋代以降，又因上述的宗教政策，於大中祥符四年（1011）受封為「天齊仁聖帝」。而且，在全國各地建立「東嶽行祠」以祭祀泰山府君，宋代中葉時「東嶽行祠」遍及天下。《宋史》〈禮志〉與《吳文正集》記載宋代尊崇泰山及立祠的情況如下：

……五月乙未，加上<u>東嶽曰天齊仁聖帝</u>，南嶽曰司天昭聖帝，西嶽曰金天順聖帝，北嶽曰安天元聖帝，中嶽曰中天崇聖帝。命翰林、禮官詳定儀注及冕服制度、崇飾神像之禮。（《宋史》，真宗大中祥符四年條）[31]

若<u>東嶽泰山之廟徧天下，則肇於宋氏之中葉</u>。（中略）<u>宋大中祥符間，致隆嶽祠</u>。猶以王爵為未崇極。於是

---

30 宋・李燾撰，《續資治通鑑長編》（北京：中華書局，1979），第 5 冊，卷 117，頁 2745。

31 元・脫脫等撰，《宋史》（北京：中華書局，1979），第 4 冊，卷 102〈真宗大中祥符四年〉，頁 2486-2487。

　　尊嶽祇而號之曰帝……東嶽舊號天齊仁聖，復加新號
曰大生，郡縣並如金宋時有廟以祭東嶽。（《吳文正
集》〈大都東嶽仁聖宮碑〉）[32]

　　其後，由於崔府君司掌幽冥之事，亦為冥府之神，因此
被奉為東嶽行祠內的右尊神明，位於泰山府君右側，一同接
受祭祀。高橋文治認為依吳澄《吳文正集》的記述，北宋中
期伴隨著東嶽廟制的形成、完備，全國各地建立起東嶽行廟，
崔府君信仰也隨之擴張：[33]

　　祠在常熟縣治西一里，虞山之南麓。宋淳熙九年
（1182）建。中天齊仁聖帝，左司命真君，右崔府君。
殿內塑十甲將，龐古雄毅，皆按膝坐。每歲春，邑人
社集，甚盛，其規制宏壯，闌砌雕華，並冠於他祠。
（〈東岳行祠〉）[34]

　　至宋淳熙年間，崔府君的地位已高升為東嶽的陪祀神。
如引線處所述，「東嶽行祠」中，中尊為「天齊仁聖帝」，
左尊為「司命真君」，右尊為「崔府君」。若將三尊依地位
排列，則東嶽行祠主神天齊仁聖帝為第一位，左尊司命真君

---

32 元・吳澄撰，《吳文正集》（《四庫全書珍本二集》，臺北：臺灣商
　　務印書館，1971）第 6 冊，卷 50〈大都東嶽仁聖宮碑〉，頁 6-7。
33 （日）高橋文治，〈崔府君をめぐって —— 元代の廟と伝説と文芸〉，
　　頁 35-81。
34 清・蔣廷錫等編纂，《古今圖書集成》（臺北：文星書店，1964），
　　第 63 冊，神異典第 50 卷〈東岳行祠〉，頁 570。

爲第二位，而右邊的崔子玉則爲第三位。但若單單就「冥府官吏」此一意義而言，則可將崔子玉在冥官排名中視爲第二位。

由上述文獻可以確認在政府的保護政策下，宋代崔子玉的神格地位被提高，以冥府尊貴神祇的身分受到世人誠心信奉，其神格地位之崇高，與前述《江談抄》小野篁所擔任的冥官地位不相上下。崔子玉搖身一變爲尊貴神祇，描繪北宋首都繁榮盛況的《東京夢華錄》中，記載有六月六日崔府君誕辰祭祀的熱鬧景象，[35]民間的崔府君信仰甚至出現〈泥馬渡康王〉、〈崔府君斷冤家債主〉（元曲雜劇）等膾炙人口的崔府君傳說。

在崔府君的眾多相關逸聞中，以北宋張師正的著作《括異志》（完成於 1078 年前）中的描寫與《江談抄》中冥官篁形象最相近：[36]

> 黃遵者，家興國軍，性疏放，頗知書，而能丹青，善傳人之形神，曲盡其妙。事母篤孝，凡得畫直，未嘗私畜，供甘旨外，悉歸於母。慶曆中，A 遵忽感疾而死。凡三日，心尚暖。母不敢斂。是夕遵復甦，家人扶坐，問皆不語。遽索紙筆，圖一人形容。良久乃語，B 始入一公府、見廊廡肅靜，皆垂簾。（中略）C 朱吏數人前導，見一人紫衣金帶者升堂坐。諸吏僅百人

列階下，致恭畢，分入諸局。始見領數十人，荷校者，露首者，至紫衣前訊訖駈出。已而呼遵，問里開姓名。遵號慟叩頭拜曰：「念母老無兄弟，遵若死，母必餓殍，乞終母壽。」遵叩階額血濺地。紫衣顧左右，索籍視之，久乃謂曰：「汝母壽尚有十餘年，念爾至孝，許終母壽。」紫衣以筆注其冊，命左右速奏覆。遵拜而出，復呼之，命俯階所，問曰：「汝在人間與人傳神者，是乎？」遵曰：「愚昧無能，僅成其形耳。」又曰：「爾識我否。」遵曰：「凡目豈識神儀。」曰：「我乃人間所謂崔府君也。爾熟視吾貌，歸人間寫之，然慎勿多傳。若所傳惟肖，恐人間祭祀不常，返昏吾慮，記之勿忘。」自後遵在興國，凡所寫者三本，正一畫於地藏院，二為好事者所取。厥後十年，母以壽終。既葬，服除，遵一日遍辭親識，因大醉數日而卒。（《括異志》〈黃遵〉）[37]

　　文中 A 引線處敘述了畫師黃遵猝死後，在三天後復活，他拿紙筆畫出一人之肖像，開始講述他在冥府的經歷。B 引線處提到，黃遵發現自己來到一個貌似官廳的地方。這種開場方式在入冥小說中經常可見，不過在此特別要注意的是 C 引線處對官吏的描寫：在數名身穿朱色官服的官人在前引導下，一位身著紫色官服的官吏出現並就席。起初文中並未點明這位穿著紫色官服人物的姓名，僅以「紫衣」之名代稱。

37　宋・張師正，《括異志》（《北京：中華書局，1996》），卷 8〈黃遵〉，頁 89-90。

而在讓黃邈返回現世之前，「紫衣」終於表明自己就是崔府君，並託黃邈繪其肖像。在故事最後，肖像被供奉於地藏院，由此可知崔府君之上司並非泰山府君，而是變成了地藏菩薩。

在黃邈巡遊冥府的故事中，崔府君的上司設定爲地藏菩薩，此情節並未於其他作品中出現，亦與民間信仰中崔府君隸屬於東嶽泰山的觀念相左。然而，即便有前述主神的不同之處，《括異志》的崔府君在冥府官僚體系之地位，與《江談抄》中冥官篁之「第二把交椅」相同，兩部作品皆將「判官」一職描繪爲次要於主神的第一陪祀神。另外，《江談抄》中記述：「堂上有紆朱紫者卅許輩。」文字雖簡略，不過描述官吏人數眾多、身著高官顯要表徵之朱色與紫色官服等，與《括異志》中所描述之官僚組織及穿著服飾有著一定程度的共通性。古本系《江談抄》是在後段故事才表明小野篁的身分，而《括異志》中的黃邈故事，在前半段未提及其名，也是在最後明確點出崔府君身分。

如上所述，《江談抄》之冥官篁，雖扮演了〈道賢上人冥途記〉醍醐帝墮入地獄的故事中所欠缺的判官崔子玉一角，但小野篁的冥官形象，並非〈唐太宗入冥記〉中的小官吏崔子玉，而是與《江談抄》同時代、於北宋時神格地位已被大幅提高的崔府君。由此可知，大江匡房對鄰國宋流傳的崔府君形象有一定的瞭解，至於他的依據是否爲《括異志》，或其它載有崔府君傳說的文獻，依目前所知的文獻資料仍無法斷言。不過《江談抄》另一則與源公忠說話密切相關的〈聖廟西府祭文上天事〉的書寫，則是仿自宋代筆記《南部新書》。

〈聖廟西府祭文上天事〉在「前田本」與源公忠復活故

事合為一話，而在《水言鈔》則置於源公忠復活故事的前一話，是天神緣起的原始資料之一，這則極短的記事中存在宋初筆記小說之影響痕跡：

> 聖廟，昔於西府造無罪之祭文於山山名可尋訴，祭文漸々飛上天云々。（《江談抄》第六・45・〈聖廟西府祭文上天事〉）[38]

　　《江談抄》中，菅原道真寫就無罪之祭文於山上控訴時，祭文冉冉上升，為上天所接受。此〈聖廟西府祭文上天事〉的最早紀錄見於《江談抄》，爾後被收錄進《天神緣起》，成為天神菅原道真重要的傳說之一，後人在進行相關研究時，認為此文典故緣由不明。[39]

> 天寶四年，撰黃素文于內道場，為民祈福。其文自飛上天，空中云：「聖壽延長。」（《南部新書》丙）[40]

38　《江談抄・中外抄・富家語》（東京：岩波書店），頁543。

39　由於日本史料文獻找不到與這則記事直接相關的文獻，真壁俊幸因而推測了幾個可能性，如該篇故事的起源或許與道真詩「離家三四月，落淚百千行。萬事皆如夢，時時仰彼蒼」（《菅家後集》）的「時時仰彼蒼」一句有關；或是與「天道無親，常與善人」的思想相關。（日）真壁俊幸，〈知識人にみられる天神信仰―大江匡房〉，《天神信仰史の研究》（東京：續群書類從完成会，1994），頁69-74。（日）真壁俊幸《天神緣起の基礎研究》（東京：續群書類從完成会，1998），頁67-110。

40　宋・錢易，黃壽成點校，《南部新書》（《唐宋史料筆記叢刊》，北京：中華書局，2002），頁37。

　　錢易所作《南部新書》（1008-1016 成書）中有文如上，記載唐玄宗爲庶民所執筆的祈禱文與天感應，並於隨後自然升天，爾後自空中傳來了「聖壽延長」的祝賀聲音。該篇文章極爲簡略，如同以下所揭之〈賀元元皇帝靈應表〉所示，是以天寶四年祥兆爲基礎而加以簡化之文，《資治通鑑》亦有記載：

> 　　臣等昨十二日因奏事，親奉德音。朕以正月甲子日為萬姓祈福。初登壇時，疾風甚勁。及行事之際，則恬然清謐。又朕親撰黃素文，置壇所案上，竭誠陳請。須臾騰空，飛上空中。復聞有言、報朕休徵，論蒼生福慶。及行禮事畢，又風起如初。朕近於嵩山所鍊藥成、其時亦置於壇側。及夜，左右方欲收藥，又空中聞語，諸靈官雖已赴大同殿，其藥且未須收，此自監守。言聲甚屬，其左右祇承及道士等，聞者莫不驚悚。以達曙之後，乃收其藥。朕為蒼生祈福，有此殊應，與卿等同慶者。臣聞上天之載，雖曰無聲，聖人所感，必將有應。陛下精誠契道，深仁被物，親祈介福，用濟羣生。法事既陳，疾風旋止，聖詞上告，祕錄騰飛，遂降神言，屢呈昭應。（〈賀元元皇帝靈應表〉）[41]

> 　　春，正月，庚午，上謂宰相曰：「朕比以甲子日，於宮中為壇，為百姓祈福，朕自草黃素置案上，俄飛升

41　清・董誥等編，《全唐文》（臺北：匯文書局，1961）第 20 冊，卷 962〈賀元元皇帝靈應表〉，頁 12624-12625。

天，聞空中語云，聖壽延長。又朕於嵩山鍊藥成，亦
置壇上，及夜，左右欲收之，又聞空中語云：『藥未
須收，此自守護。』達曙乃收之。」太子，諸王，宰
相，皆上表賀。（《資治通鑑》，天寶四載條）[42]

就如同〈賀元元皇帝靈應表〉中所記之「聖人所感，必
將有應」，正因為皇帝為聖人，而得以與天感應，其具體表
現則是所撰為萬民祈福之祭告文升上蒼天。〈聖廟西府祭文
上天事〉亦描寫了相同旨趣。在上述唐玄宗祭告文飛天之相
關文章中，特別是將引線相關處與〈聖廟府祭文上天事〉做
比對，可發現《南部新書》之文章結構及用語與〈聖廟府祭
文上天事〉極為類似。兩篇文章不加修飾文詞，僅簡略記述
事件的文體特徵亦同。而雙引線處有關祭告文升天之措辭，
亦同樣使用「飛上天」一詞。由此可判斷，〈聖廟府祭文上
天事〉之故事寫作背景，與《南部新書》所收記事有密不可
分的關係。

關於大江匡房與宋代之關係，大曾根章介曾指出，大江
匡房於大宰府時期，可能曾向宋代商人購入大量書籍。[43]另
外，在小峯和明以大江匡房在大宰府之著作和活動為中心所
做的研究中，談到「大宰府時代的大江匡房接觸大陸文化和
文物，與宋人直接交流」，顯示了大江匡房對於北宋動向的

42　宋・司馬光撰，陳磊譯注，《資治通鑑》（北京：中華書局，2007），
　　卷 215〈天寶四載〉，頁 1461。
43　（日）大曾根章介，〈大江匡房と說話・緣起〉，《日本漢文学論集》
　　（東京：汲古書院，1998），頁 378-389。

高度關注。[44]而透過〈聖廟府祭文上天事〉、源公忠復活說話與中國作品的對照分析，依然能夠看出大江匡房晚年的語錄體著述《江談抄》作品確實與北宋筆記、筆記小說之間有著緊密的連繫。

五、小　結

《江談抄》中有幾則與菅原道真相關的軼事，後來收錄進《天神緣起》裡，是天神信仰傳說最早期的資料。由於沒有更早於《江談抄》的文獻存在，[45]據此，竹居明男曾提出了大江匡房編寫相關軼事的可能性。[46]《江談抄》中的源公忠復活故事，與〈聖廟府祭文上天事〉一文，皆是《天神緣起》的原始資料，而其成立的背景與宋代崔府君傳說以及宋代筆記息息相關。大江匡房以北宋的筆記和筆記小說中所載記事為素材，應用在《江談抄》記事、談錄的編寫上，尤其是〈聖廟府祭文上天事〉此一記事，說是《南部新書》「玄宗祭告文飛天事」的移花接木亦不為過。

44　（日）小峯和明，〈俊賴と匡房 ── 院政期文学史の断面〉，《院政期文学論》（東京：笠間書院，2006），頁 404。

45　（日）小峯和明、（日）佐藤道生、（日）本間洋一、（日）三木雅博、（日）渡邊秀夫、（日）藤原克己，〈座談会　平安朝漢文学の展開 ── 菅原道真から大江匡房へ ──〉，《リポート笠間》44（2003.7），頁 3-32。
　　（日）吉原浩人，〈説話文学に見る菅原道真 ──《江談抄》』天神縁起の形成〉，《国文学：解釈と鑑賞》67.4（2002.4），頁 77-83。

46　（日）竹居明男，〈源公忠蘇生譚覚え書 ── 大江匡房と天神信仰〉，《文化史学》44（1988.11），頁 162-168。

　　如前人所論述，小野篁之所以成爲後世傳說故事中的冥官，乃是因爲曾擔任過彈正臺的職務，以及曾經歷過自流放地隱岐安然返回京都的特別經歷。大江匡房大宰府任期屆滿後回到京都，當朝廷再度命他前往大宰府時，他卻以疾病爲由拒絕了第二次的派遣命令，並因此遭到嚴厲的批判。大宰府曾是菅原道真的流放地，年老的大江匡房不願再遠赴異鄉，或許是不想落到和菅原道真相同客死他鄉的命運。試想，自遠方奇蹟般生還的小野篁，在《江談抄》中以冥官身分大爲活躍的模樣，或許隱約反映出了大江匡房的心聲也說不定。

第五章　論平安文人都良香之形塑與唐代文人軼事之關係*

一、平安文人都良香

　　都良香（834-879）是平安前期的知名文人兼學者，他眾多爲人津津樂道的軼事傳說，在後世的說話集中不斷被轉載流傳。這些古老傳說，最早的紀錄皆來自《江談抄》[1]及大江匡房的另一部作品《本朝神仙傳》。《江談抄》一書中所收載的都良香軼事傳奇的篇幅頗多，是大江匡房特別重視的文人之一。本文主旨在於透過比對相關中、日文獻來考察平安才子都良香的傳說，藉以深入瞭解唐宋文學、文獻對平安晚期文學及傳說所產生的具體影響。[2]

* 本文爲筆者 97-99 年度國科會研究計畫之一部分，原計畫名稱爲〈北宋筆記對《江談抄》形成的影響〉，計畫編號：NSC 97-2410-H-003-144-MY3，特此致謝。

1 中世重新編排過順序的《江談抄》，稱爲類聚本系，並加入了一般稱爲〈朗詠江注〉，也就是大江匡房所注《和漢朗詠集》摘句的內容。此書中的都良香詩話，大部分取自〈朗詠江注〉，因本論使用的底本爲類聚本系《江談抄》，因此除了未被收入的條目外，本論中皆以《江談抄》概稱。

2 （日）大曾根章介，〈大江匡房と説話縁起〉，《日本漢文学論集》（東京：汲古書院，1998），頁 387-389。大曾根章介另撰有都良香相關的論文（〈学者と伝承巷説 —— 都良香を中心にして〉），但主旨在探討〈富士山記〉等都良香其他作品，與本論無直接關聯，故未列入。

都良香爲主計頭桑原貞繼之子，本名言道，清和天皇貞觀十四年（872）時，上奏改名爲良香。對策及第後歷任少內記、掌勃海客使，官至從五位下文章博士，兼任大內記，爲編纂《日本文德天皇實錄》的中心人物之一。有家集《都氏文集》六卷傳世，現存三卷。部分詩文作品收錄於《和漢朗詠集》、《新撰朗詠集》、《本朝文粹》、《扶桑集》之中。藤原公任（966-1041）所編，收錄和漢名句的《和漢朗詠集》，收有都良香的作品十四首，居全書第六位，史傳更以文名「聲動京師」形容這位當代的文壇名人、才子。

二、都良香的逸聞傳奇

在眾多都良香的逸聞傳奇之中，若論容易成爲話題和流傳廣泛的故事，首推「羅城門之鬼」：

> 氣霽風梳新柳髮，冰消波洗舊苔鬚。　內宴・春暖　都良香
> 故老傳云，彼此騎馬人，月夜過羅城門誦此句。樓上有聲曰，阿波禮云々。文之神妙自感鬼神也。（《江談抄》第四・20）[3]

某個人於月夜騎馬經過都城的羅城門時，隨口吟誦文章博士都良香的詩句，「氣霽風梳新柳髮，冰消波洗舊苔鬚」，

3　（日）大江匡房著，（日）山根對助、（日）後藤昭雄、（日）池上洵一校注，《江談抄・中外抄・富家語》（《新日本古典文學大系》，東京：岩波書店，1997），頁 510。

住在羅城門上的幽鬼聽到了這一對句，深受感動不禁發出了讚歎之聲。

　　這一則具靈異色彩的「羅城門之鬼」詩話，首見於《江談抄》，而後世的《北野天神緣起》、《十訓抄》、《撰集抄》、《體源鈔》、《神道集》、《本朝一人一首》、《本朝語園》、《謠曲‧實盛》、《日本詩史》、《史館茗話》等皆可見相關的記載或衍生的詩話。「氣霽風梳新柳髮，冰消波洗舊苔鬚」原收於《和漢朗詠集》卷上〈早春〉，[4]《江談抄》記詩題爲〈內宴‧春暖〉。依據《日本三代實錄》的記載，內宴舉行的時間爲元慶二年（878）一月二十日：

> 廿日丙辰，內宴，近臣賦詩及奏女樂，群臣歡洽，畢景而罷，賜祿各有差。（《日本三代實錄》，元慶二年一月二十日條）[5]

　　另外，菅原道真的家集《菅家文草》，則收有當日爲內宴所撰的詩序。[6]

　　鬼出現的地點羅城門，也可以寫作羅生門，是平安京的正門。「羅城」指圍繞都城的外郭，中世的類書《拾芥抄‧

4　都良香此詩的詩題，在《和漢朗詠集》的嘉禎本題爲〈早春賦春暖〉，貞和本題爲〈春暖早春賦〉。（日）藤原公任，《和漢朗詠集》（《新編日本古典文学全集》，東京：小学館，1999），頁 24。

5　（日）菅原道真等編，《日本三代実録》（《新訂增補国史大系》，東京：吉川弘文館，2000），頁 421。

6　（日）菅原道真，（日）山口久雄校注，〈早春侍宴仁壽殿同賦春暖應製并序〉，《菅家文草‧菅家後集》，（《日本古典文学大系》，東京：岩波書店，1966），頁 169。

宮城部》記載「羅城門」為「二重門七間」，[7]可知城門是二層構造，頗具規模的建築物。

《江談抄》中還收錄了數則這位才子的逸事：

> 三千世界眼前盡，十二因緣心裏空。　　晚夏參竹生嶋述懷　都良香
>
> 　古老傳云，下七字作者難思得。嶋主弁財天告教之。（《江談抄》第四・33）[8]

此一傳說在後世也流傳極廣，故老傳云都良香所撰〈晚夏參竹生嶋述懷〉一詩中，「十二因緣心裏空」句非他本人所做，而是受竹生嶋神明弁財天指點而成。另二則都良香詩話，一是勃海國使節斷言都良香改名事，一是都良香私通考官侍女取得試題草稿事：

> 自有都良香不盡，後來賓館又相尋。　　鴻臚館南門　都良香
> 　故老傳云，裴感此句尤甚。但作者定改姓名問，凡時人大感云々。（《江談抄》第四・22）[9]

> 「三壺雲浮，七萬里之程分浪。五城霞嶂，十二樓之構插天」〈神仙策・都良香〉

---

7 木柱與木柱間的距離稱為「間」，為古時計算距離的單位，在平安時代約為十尺。（日）洞院公賢，《拾芥抄》（《大東急記念文庫善本叢刊》，東京：汲古書院，2004），頁 331。

8 《江談抄・中外抄・富家語》（東京：岩波書店），頁 511。

9 《江談抄・中外抄・富家語》（東京：岩波書店），頁 510。

件神仙冊問頭春善繩也。良香私通彼家侍女，件善繩
作問頭曰頭曰破卻，竊取件破卻紙開讀所作設云々。
（〈朗詠江注〉）[10]

　　不過，都良香神妙之文可感動鬼神的美談，後世卻出現
二種型態，一是和《江談抄》相同，讚美其詩感人至深，甚
至可打動異界的鬼神，如《日本詩史》、《史館茗話》等。
另一是羅城門之鬼爲都良香續句，下句作者變成城門上的
鬼。在此一型態裡，都良香的聲名受到明顯的貶抑，如《北
野緣起》[11]、《十訓抄》等。

　　《北野緣起》是一部具神道色彩的宗教性書籍，記載菅
原道真的生平及逝世後被奉爲北野天神的所有神蹟，《江談
抄》中的菅原道真逸話，也被收錄進《北野緣起》的天神傳
說之中，但內容多經過編者的大幅改寫，呈現與前者不同的
面貌。《北野緣起》記載某年春天，都良香正好徘徊在羅城
門附近，作了「氣霽風梳新柳髮」的上句後，苦思許久不得
下句，忽然自羅城門上傳來鬼唸誦「冰消波洗舊苔鬚」的聲
音，爲其續句。欣喜若狂的都良香立即趕到菅原道真處，披
露此一對句。菅原道真立即識破下句爲鬼神之作，並加以斥
責，被當面拆穿的都良香羞得面紅耳赤無地自容。《北野緣
起》的敘事立場，以尊崇成爲神祇的菅原道真爲原則，在此

10 （日）黑田彰、（日）伊藤正義、（日）三木雅博編著，《和漢朗詠
　　集古注釈集成》（東京：大学堂書店，1989），第 1 卷，頁 208。此
　　則並未收錄進類聚本系的《江談抄》內。
11 《北野緣起》，（《群書類從》，東京：続群書類從完成会，1986），
　　頁 132-133。

自然貶損都良香，強調其才華遠不及菅原道真。

《北野緣起》裡將都良香另一則詩話 —— 竹生嶋弁財天續下句的模式，移植至羅城門之鬼的故事上，二個故事結合在一起，成爲鬼接續都良香詩句的形式。才子都良香的才華在《北野緣起》遭到嚴重降等。[12]

在天神信仰強烈的影響力之下，後世的說話集，如成書於鎌倉時代（1252 年）的《十訓抄》，也記載菅原道真識破下句是羅城門之鬼所作，承襲《北野緣起》貶抑都良香的情節。[13]另一部鎌倉時代的說話集《撰集抄》，菅原道真雖未登場，故事形態仍維持由羅城門之鬼接續下句的形式，但在《江談抄》中只聞其聲不見其影的鬼魂，受佛教地獄繪等餓鬼形象的影響，在此以著白褲的紅鬼模樣現身。[14]

在《撰集抄》裡，鬼登場的地點是皇城前的「朱雀門」，而不是京都外城的「羅城門」。這是因爲另一部大江匡房撰寫的《本朝神仙傳》中，記載鬼登場的地點是「朱雀門」。《本朝神仙傳》裡，除了鬼登場的地點不同之外，書中的都良香傳說不再是分散片斷的，而是一篇完整的個人傳記，而且很特別的一點是，都良香以文人的身分得道登仙。這篇仙傳和下節筆者要對照的中國文獻密切相關，茲錄全文如下：

12　（日）黑木香，〈都良香像の変質と「天神縁起」—— 鬼の付句をめぐって ——〉，《国文学攷》104（1984.12），頁 10-19。

13　（日）淺見和彥校注，《十訓抄》，（《新編日本古典文學全集》，東京：小学館，1997），頁 394。

14　（日）西尾光一校注，《撰集抄》，（《岩波文庫》，東京：岩波書店，1970），頁 237。假託爲西行法師所著。成書年代推定約在十三世紀中葉，下限爲 1287 年，也有在 1250 年成書之說。

都良香者，洛陽人也。文章冠絕於當世，早遂儒業，紆緋衫居著作。常好山水兼行仙法。身甚驍勇，昔越行馬七八尺。為內記之時，子日攜妓妾遊北野。從出羽國進飛驛使，欲給敕符，不知良香在所，依令少內記作。及晚頭良香乘醉適參。少內記視草，良香更不披見，寸寸破卻，染筆作文不加點，其句于今在人口。獻策時密通問頭式部大輔善繩卿侍女，偷其薰草作神仙策。射鵠之人古來雖多，以其策為最。昔書大學柱云：天下狂人都言道。其後彰名，本姓腹赤自改為都。[15]後公家不久都有絕訓。本名言道又改良香。鴻臚館贈答詩云：有都良香。北客見之曰：此人必改名姓。後中書王云：差遣異國文章無疑者，良香是也。昔作詩曰：氣霽風梳新柳髮。人誦此句過朱雀門前，樓上有鬼大感歎之。菅丞相者良香所問秀才也。丞相後越預於加級。良香大怒棄官入山。覓仙修法，通大峰三ヶ度，不知所終。百餘年後或人見於山窟中。顏色不變猶如壯年。國史有傳。今記之。（《本朝神仙傳》）[16]

　　《本朝神仙傳》此一都良香成仙的傳說，也擷錄在中世

15　《往生伝・法華驗記》補注，本姓應爲「桑原」，其父桑原貞繼改本姓爲都，子良香改名言道爲良香。（日）大江匡房著，（日）井上光貞、（日）大曾根章介校注，《本朝神仙伝》，收錄於《往生伝・法華驗記》（《日本思想大系》），東京：岩波書店，1974），頁 269、459。

16　（日）大江匡房著，（日）井上光貞、（日）大曾根章介校注，《本朝神仙伝》，頁 583-584。

的《元亨釋書》一書中。[17]

　　傳說京都城門上住著鬼的最早記載來自《江談抄》和《本朝神仙傳》。自此之後，世間便開始盛傳羅城門或朱雀門是鬼的棲身之所，相關的傳說在後世的說話集中不斷地被轉載流傳，故事情節也隨時間的推移不斷增生變化。比較收錄在《江談抄》、〈朗詠江注〉和《本朝神仙傳》中的都良香逸聞，可發現分述在《江談抄》「故老傳云」的軼事，被大江匡房統合在《本朝神仙傳》中，成為一部完整的都良香傳說。

三、史實與虛構中的都良香形象

（一）與神仙傳記述相對應的史料

　　《本朝神仙傳》文末點出都良香「國史有傳」，在這裡指的是《日本三代實錄》中的都良香傳：

> 良香者左京人，從五位下主計頭貞繼之小子也。良香本名言道，後改名也。姿體輕揚，甚有膂力。博通史傳，才藻豔發，聲動京師。居貧無財，常不舉爨。（《日本三代實錄》，元慶三年二月二十五日條）[18]

17　「都良香者，京兆人也。文才冠世，仕到著作郎。菅丞相又良香之諸生也。菅公階爵日加，良香不及，怒棄官，入山修練，不知所終。後百餘年，或見大峰山窟中，顏色不衰云。」（日）虎關師煉，《元亨釋書》，收錄於《日本高僧伝要文抄・元亨釈書》（《国史大系》，東京：吉川弘文館，2000），頁 274。

18　（日）菅原道真等編，《日本三代実録》（《新訂増補国史大系》，東京：吉川弘文館，2000），頁 446。

史傳中記載都良香原名言道，後改名為良香，並形容此人「姿體輕揚，甚有膂力」，這和《本朝神仙傳》「身甚驍勇，昔越行馬七八尺」的描述可說是一致的，但這也是二者唯一的共同點。

《本朝神仙傳》的結尾提到，菅原道真以學生的身分應試時，都良香是當時的考官。後來因為被自己曾經試問的學生超越官位，都良香氣得辭官隱遁，遠離京都至吉野南方的大峰山修行仙法，百年後仍有人目擊容顏未改的都良香出現在大峰山的石穴。依《日本三代實錄》的記載，元慶三年（879）正月七日「式部少輔兼文章博士菅原朝臣道真…從五位上」，超越了都良香的從五位下。都良香在元慶三年二月一日提出辭呈，同月二十五日逝世，享年四十六。因此棄官入大峰山、修行仙法的結尾與史書記載不符。

《本朝神仙傳》另一段都良香的逸話是醉寫「出羽敕符」。元慶二年，東北的出羽地區發生動亂，飛驛使急馳而來，等待朝廷頒下出兵的敕符。都良香當時任職大內記，撰寫敕符是公務之一，但在十萬火急的時刻，卻找不到都良香，於是少內記先起好草稿以防萬一。直到傍晚才醉醺醺現身的都良香，看也不看就撕破少內記呈上的草稿，重新提筆撰寫敕符，即使滿身酒氣下筆仍如行雲流水，不作修飾便在極短的時間內完成了膾炙人口的名文。

《本朝文粹》收有上述傳說中的敕符〈應早速討滅夷賊事〉。[19]《小右記》寬仁三年（1019）五月三日條，也有「元

19　（日）藤原明衡編，《本朝文粹》（《新日本古典文學大系》，東京：岩波書店，1992），頁 143-144。

慶二年敕符出羽夷賊事、都良香作」的附注。[20]《日本三代實錄》記載，元慶二年日本東北的出羽地區發生俘囚、蝦夷之亂，朝廷派遣關東及陸奧當地的軍隊前往鎮壓討伐。動亂的發生與敕符的撰寫雖符合史料記載，但〈醉寫敕符〉的才子軼事除了《本朝神仙傳》之外，沒有其他文獻記載都良香的這段插曲。

（二）都良香與唐代文人的學仙求道

文人都良香雖然被大江匡房列入神仙之列，但實際上他與神仙思想的交涉並不深。都良香除了寫過神山的〈富士山記〉（《本朝文粹》卷 12），及以神力擊退惡鬼的法師傳記〈道場法師傳〉（《本朝文粹》卷 12）外，與神仙思想有最直接關聯的便是〈神仙策〉一文。這篇〈神仙策〉是他應試時，試官春澄善繩所出的考題。江戶時期的林㤠對都良香的〈神仙策〉與登仙說另有看法：「後世好事者曰：良香登仙者，乃是依此策文而誇說乎，都香果不為仙，其卒年見國史。」（《史館茗話》）[21]松田智弘考察都良香的生平及〈神仙策〉一文，認為由策文內容可看出他對神仙道術有一般的知識，但他另一篇〈弁薰猶論〉（《本朝文粹》卷 12））卻透露出他本身對成仙不抱興趣，而松田智弘也同樣指出都良香的神仙故事應是後世附會的。[22]

20　（日）藤原實資，《小右記》5（《大日本古記錄》，東京：岩波書店，1969），頁 143。
21　（日）林㤠，《史館茗話》（《日本詩話叢書》，東京：鳳出版，1972），頁 335。
22　（日）松田智弘，〈仙人都良香考 —— 日本的成仙術について〉，《古代日本の道教受容と仙人》（東京：岩田書院，1999），頁 407-422。

此外，都良香其實是虔誠的真言密宗信者。在《扶桑略記》中也收載了都良香的史傳，前半的記述與《日本三代實錄》相同，後半則敘述都良香的宗教信仰。他潛心學習真言密教，師事東寺的僧正真然和尚，日日勤於念佛：

> 驛思空門，雅信佛理。于時僧正真然住東寺，良香就受真言密教，一遍而記於心。雖勤學業，不廢念佛。年四十六卒。（《扶桑略記》，元慶三年二月二十五日乙酉條）[23]

都良香的生涯中與神仙道教的牽涉極爲薄弱，可見大江匡房在神仙傳中描述他學仙求道之事乃是虛構。不過在仙傳中構築出的都良香形象，倒是與唐代的文人有共通之處。由於李唐尊崇道教，在帝王的推動之下，全國廣設道觀。身處在道教空前興盛的環境，接觸道教與道士交遊的唐代文人不在少數，[24]「唐代文人有的自覺地跨進道觀的門檻成爲其中一員，例如賀知章、李白、顧況、施肩吾、李商隱、曹唐 —— 這些人都是在唐代詩歌史上佔有不低地位的人物；而更多的人則是在道教門外 —— 偶爾也步入道觀，去感受那神秘

---

23 （日）皇圓，《扶桑略記》（《新訂增補国史大系》，東京：吉川弘文館，1965），頁 130。
24 李斌城，〈唐代道教文學〉，《唐代文化》（北京：中國社會科學出版社，2002），頁 621-640。張豈之，〈隋唐時期的道教思想〉，《中國思想史》（臺北：水牛文化事業有限公司，1992），頁 575-578。胡世慶，〈道教〉，《中國文化通史》（臺北：三民書局，2005），頁 598-599。

誘人的宗教氣氛」。[25]也有不少詩人醉心於煉丹術,如李白除了親自煉丹之外,也接受了道教的道籙,加入道籍。身處於道教氛圍濃厚的生活環境裡,唐代文人的生活型態、一言一行,原本就易受到神仙道教的影響。

　　不過在平安朝,佛教才是皇家、貴族、庶民的信仰中心,在貴族社會裡淨土信仰與密教修法同時並存,稱名念佛與往生淨土亦大行其道。[26]自第一個出家的宇多法皇起,陸續有不少天皇選擇出家成為法皇。佛教與平安貴族生活圈緊密結合,滲入貴族社會的生態與文化的底層。[27]日本雖然有混合中國道教術法、雜密而成的修驗道,但接觸者多是山林的修行者。

　　一般文人、貴族對神仙思想的認識,多來自於中國的傳奇志怪等小說;對術法的理解,則來自於雜密、陰陽道中所吸收的道教術法。[28]即使是對神仙思想深感興趣的大江匡房,他所寫的第一部日本神仙傳記《本朝神仙傳》,成仙者泰半是僧侶或修佛之人,或是像都良香、橘正通等平安朝的

25　李乃龍,〈文人與道教〉,《雅人深致與宗教情緣:唐代文人的生活樣態》(臺北:文津出版社,2000),頁 177-178。
26　為了避免與法然所創的「淨土宗」混淆,論中以「淨土信仰」稱之。
27　(日)速水侑,《平安貴族社会と仏教》(東京:吉川弘文館,1975),頁 1-2,146。
28　(日)村山修一,〈大陸における陰陽道の発祥と推移〉,《陰陽道史總說》(東京:塙書房,1981),頁 1-19。道教在日本的流傳,還可參考(日)增尾伸一郎〈日本古代の宗教文化と道教〉,《講座道教》(東京:雄山閣,2001),頁 256-284、(日)野口鐵郎、松本浩一〈道教の伝播に関する研究〉,《道教 3 道教の伝播》(東京:平河出版社,1983),頁 242-245,以及(日)中村璋八〈日本の道教〉,《道教 3 道教の伝播》(東京:平河出版社,1983),頁 3-48 的說明。

文人。有關修行仙法的描述，除了一個煉丹失敗的例子外，其他皆是斷食五穀的辟穀修行，和中國外丹、內丹等包羅萬象的修仙術相比，內容可說是樸素的、貧瘠的。這部神仙傳所反映出的，是中國的道教並未如佛教般深入日本社會的實情。[29]

在佛教全盛而神仙道教氛圍薄弱的社會，道士、道觀皆不存在，道教仙術一般人難以接觸。大江匡房筆下文人修練仙法的情節，其實缺乏社會文化的基礎。就如平安文人模仿中國遊仙詩以神仙爲題入詩一般，都良香的修仙情節，也是模仿唐代文人修仙行爲的產物。

（三）女性關係的描述

《本朝神仙傳》中有兩處都良香與女性交游的描述，一是「攜妓妾遊北野」，一是密通試問官春澄善繩的侍女。關於後者，大江匡房的〈朗詠江注〉也記述了同樣的內容，但較爲詳細。大江匡房以《和漢朗詠集》所收都良香〈神仙策〉

---

29 《本朝神仙傳》與中國的《神仙傳》、《列仙傳》、《抱朴子》相比，兩者的仙人形象有很大的落差。其中僧侶辟穀的記述，來自中國的《高僧傳》、《續高僧傳》、及《大日本國法華驗記》等書中高僧的辟穀。在早期佛教傳入中國時，佛教的高僧形象多與仙人形象混合在一起，而這個混雜後的高僧像也傳入了日本，紮根於日本的宗教文化之中，如《日本書紀》將「神仙」訓爲「ヒジリ」（聖僧），《類聚名義抄》〈佛上七・三〉則有「神仙ノイキホトケ」（神仙活佛）的解釋。具神通力的僧侶或許對大江匡房來說，等同於日本的神仙，因此雖然《本朝神仙傳》在書名上模仿中國的《神仙傳》，但呈現出的是已日本化的仙人形象。實際上奈良或平安前期散見的仙人傳說，都較大江匡房的作品具有更濃的神仙味。李育娟，〈僧侶の神仙術としての避穀〉，《詞林》41（2007.4），頁 20-36。

的摘句「三壼雲浮，七萬里之程分浪。五城霞峙，十二樓之
構插天」為主題寫了一段詩話，「件神仙冊問頭春善繩也。
良香私通彼家侍女，件善繩作問頭曰頭曰破卻，竊取件破卻
紙開讀所作設云々」（〈朗詠江注〉）。都良香考對策時，
春澄善繩是當時的考官，都良香在考前私通考官家的侍女，
為他竊取春澄善繩隨手丟棄的試題草稿。在大江匡房的筆
下，都良香是一個與女性關係頗為複雜的風流才子。

　　不過，在大江匡房經手的傳記和傳說之外，同時代或較
早的文獻裡，完全看不到這樣放蕩不羈的風流才子形象。如
在傳說中與都良香有瑜亮情結的菅原道真，他執筆的《日本
文德天皇實錄・序》裡，記述編者之一的都良香在書成前因
病辭世，去世前仍惦記著修史的工作，予人十分忠於個人職
務、認真負責的印象：

> 至元慶二年，更敕攝政右大臣臣基經，俾命參議刑部
> 卿正四位下兼行勘解由長官近江守臣菅原朝臣是善
> 等與前修史者，文章博士從五位下兼行大內記越前權
> 介都朝臣良香，從五位下大外記嶋田朝臣良臣等專精
> 實錄，潭思必書。良香愁斯文之晚成，忘彼命之早殞。
> 注記隨手，亡去忽焉。（《菅家文草・菅家後集》）[30]

　　記載都良香生平的《日本三代實錄》、《扶桑略記》等
史書裡，不見《本朝神仙傳》中那些形容他狂傲不羈、恣意

30　（日）菅原道真，（日）山口久雄校注，《菅家文草・菅家後集》，
　　頁542。

妄為的文字，反說他「居貧無財，常不舉爨」。勤儉度日、埋首工作的行徑，和飲酒作樂攜妓妾出遊而耽擱公務相較，兩者間的距離可說是天差地遠。《本朝神仙傳》中放蕩的都良香，反與中國風流才子的形象頗為接近。

　　中國歷代皆可見蓄妓狎妓的情形，特別是在唐代，富豪之間流行蓄妓，達官顯貴家中伎樂多達數十人，私妓、家妓數量超越前代，且法律並不禁止官吏和妓女交往，「狎妓冶遊成為風流時尚，不論是朋友相聚還是官府宴飲，不論是金榜題名還是落第失意，唐代文人身邊都少不了妓女的身影。文人因名妓而更顯風流，妓女因名士而抬高地位」。[31]文人名士喜與妓女往來，不但達官貴人養家妓，連文人名士也蓄妓，「追求風流，不僅是文士顯示個人才學、魅力、風度的一種手段」。[32]如白居易家中有兩樂妓，韓愈納有兩小妾，杜牧也是以放浪形骸、耽溺酒色聞名。[33]

　　平安時期的妓女主要是指居無定所的遊女。昌泰元年（898）宇多上皇帶著貴族至郊外狩獵，舉辦宴會時，便找了遊女參與宴席以歌舞助興（《紀家集・競狩記》）。[34]不過日本的風俗民情畢竟與中國不同，官人與妓女不若中國文士

31 李斌城，〈官伎、營伎、家伎中善歌舞者〉，《唐代文化》（北京：中國社會科學出版社，2002），頁 423。

32 周志豔，〈唐傳奇中妓女與文人關係的歷史分析〉，《襄樊職業技術學院學報》8.2（2009.3），頁 121-124。

33 李乃龍，〈文人與妓女〉，《雅人深致與宗教情緣：唐代文人的生活樣態》（臺北：文津出版社，2000），頁 152-166。

34 （日）服藤早苗，〈遊女の成立 ── 遊行女婦から遊女へ〉，《歷史の中の遊女・被差別民謎と真相》（《別冊歷史読本》，東京：新人物往來社，2006 年），頁 120-129。

般往來密切：

> 唐宋皆有官妓，搢紳宴會，必召以侑酒，或與妓賡詩，
> 無復畏清議，若杜牧之狂狎，反以為美談。故倡門之
> 遊，雖貴官無憚，金魚牙牌，纍纍懸於歌樓，何其失
> 體之甚也。……我邦官箴之嚴，自古以來，未嘗有如
> 是之弊。或風流之徒，謾傲尤異邦，作贈妓悼妓等詩
> 者，君子國之罪人也。（《夜航詩話》）[35]

中國文人將與官妓交遊視為美談，津阪孝綽便批評極為荒唐，並強調在日本未見如此誇張荒謬的行徑。而且蓄妓者需要有相當的財力，才能給予對方生活保障。以都良香三餐不濟的經濟狀況來看，難以聯想他還能帶著妓妾到郊外遊山玩水。

綜觀以上三小節所整理出的資料，由於著墨都良香與女性關係方面的史料不足，因此仙傳中的對應情節是否全為虛構一事在此暫做保留，但都良香的神仙說及任官態度等方面的描述，很明顯地與史料完全矛盾，這應是大江匡房為了將都良香納入仙人的框架之中所編寫的情節。另舉一例來說，同樣是《日本三代實錄》的人物傳記，一位與都良香同時代，擅寫和歌的才子在原業平，在都良香逝世後的隔年（880）辭世，《日本三代實錄》評為「體貌閑麗，放縱不拘」。這位行為放蕩的貴族子弟，後世與他相關的傳說故事或有誇大渲

---

35 （日）津阪孝綽，《夜航詩話》（《域外詩話珍本叢書》，北京：北京圖書館出版社，2006），頁 57-58。

染，但多與他的風流韻事相關，大抵反映出他本人在史傳中的評價。反觀都良香的情形，傳說與史評間的連繫極為薄弱，甚至有互相矛盾的情形。

名人的傳說逸聞常會隨著時間的推移，衍生出不同的故事，也許與史實不符，但大抵會與本人的性格、生平事蹟有一定程度的關聯。由以上都良香的文獻史料來看，傳說的部分似乎另有生命似地自行發展，幾乎無法反映出他生前的特質與事蹟，落差不可謂不大。

四、李白與駱賓王的軼事

都良香的傳說既摻有虛構成份，那形塑他的素材、題材又是自何處汲取的？如前所述，大江匡房筆下的都良香形象，與唐代文人頗有共通之處，舉一例來說，《本朝神仙傳》中所見「求仙」、「酒後狂態」、「狎妓野遊」，或在大學柱上寫上「狂人都言道」等狂傲的言行，與李白的個性特質及生涯的著名事蹟有相似之處。[36]

李白自言「十五遊神仙，仙遊未曾歇」（〈感興八首〉其五），曾醉心道術，「志尚道術，謂神仙可致，不求小官，以當世之務自負」（劉全白〈唐故翰林學士李君碣記〉），[37]

---

36 周勛初，《李白評傳》（南京：南京大學出版社，2005），頁 370-439。葛景春，〈李白與唐代道教〉，《李白與唐代文化》（鄭州：中州古籍出版社，1994），頁 18-37；〈李白與唐代酒文化〉，頁 232-246。葛景春，《李白研究管窺》（河北：河北大學出版社，2002），頁 69-101。
37 唐・李白著，清・王琦注，瞿蛻園、朱金城校注，《李白集校注》，頁 1779。

也曾與道士交遊，接受道籙儀式。他常自稱爲「狂人」、「狂客」，言行狂放不羈，「天子呼來不上船，自稱臣是酒中仙」（杜甫〈飲中八仙歌〉），[38]也自述曾仿效謝安帶著妓妾外出冶遊。[39]當然，這些特徵特質在不少著名文士身上也可見到，都良香的形象可以說是趨近某些唐代文士的共通形象，或可說是大江匡房所欣賞的才子形象；而前述「羅城門之鬼」和「醉寫出羽敕符」的逸話又與李白的事蹟、傳說特別接近，「弁財天續句」則與駱賓王爲宋之問續句的模式類似。

（一）詩成泣鬼神

都良香「羅城門之鬼」的詩話，源頭可追溯至《詩・周南・關雎・序》「動天地，感鬼神，莫近於詩」。詩文可感動鬼神的概念，在日本甚至被轉化爲和歌的理論基礎。[40]成

---

38 唐・杜甫著，清・楊倫箋，《杜詩鏡銓》（臺北：天工書局，1988），頁 17。

39 「我今攜謝妓，長嘯絶人羣。欲報東山客，開關掃白雲。」〈憶東山二首〉其二，唐・李白著，清・王琦注，瞿蛻園、朱金城校注，《李白集校注》，頁 1362。「間攜昭陽、金陵之妓，迹類謝康樂，世號爲李東山，駿馬美妾，所適二千石郊迎，飲數斗醉，則奴丹砂撫青海波，滿堂不樂，白宰酒則樂。」魏顥〈李翰林別集序〉，唐・李白著，清・王琦注，瞿蛻園、朱金城校注，《李白集校注》，頁 1791。

40 （日）紀貫之等編，（日）小澤正夫、（日）松田成穗校注譯，《古今和歌集》（《新編日本古典文學全集》，東京：小学館，1994），頁 17。日本第一本奉敕編撰的和歌集 ——《古今和歌集》成書於延喜5 年（905），此書由紀淑望執筆的真名序，也就是以漢文書寫的序文，便是模仿《詩・周南・關雎・序》，並參考了鍾嶸《詩品》、劉勰《文心雕龍》等內容，將這些中國詩論改寫爲和歌的理論基礎。另外，由紀貫之所撰的《古今和歌集》假名序，除了將真名序譯出外，也加入真名序以外的內容。「やまとうたは、人の心を種として、万の言の葉とぞなれりける。……力も入れずして天地を動かし、目に見えぬ鬼神をもあはれと思はせ、男女のなかをもやはらげ、猛き武士の心をもなぐさむるは、歌なり。」

書於延喜五年（905）的《古今和歌集》，由紀貫之所撰的假名序裡提到和歌可感動天地，與眼睛看不見的鬼神。有一說認為，都良香詩可感動鬼神的靈感來自《古今和歌集》的序文。[41]

在中、日詩論或歌論上，雖常見這個詩歌可感動鬼神的概念，不過筆者認為，大江匡房的靈感取材可能來自另一個方向。《江談抄》「羅城門之鬼」的詩話，以「文之神妙自感鬼神也」作結，強調都良香絕妙的文采可以打動異界的鬼神；而在中國，提到「詩成泣鬼神」的詩壇軼事，容易與李白作聯想：

> 李太白初自蜀至京師，舍於逆旅。賀監知章聞其名，首訪之。既奇其姿，復請所為文。出〈蜀道難〉以示之。讀未竟，稱歎者數四，號為「謫仙」，解金龜換酒，與傾盡醉。期不間日。由是稱譽光赫。賀又見其〈烏棲曲〉，歎賞苦吟曰：「此詩可以泣鬼神矣。」故杜子美贈詩及焉。（《本事詩》）[42]

《本事詩》提到賀知章讀完李白的〈烏棲曲〉後，讚歎「此詩可以泣鬼神」，因此杜甫贈詩予李白「昔年有狂客，號爾謫仙人。筆落驚風雨，詩成泣鬼神。」（〈寄李十二白

---

41 （日）黑木香，〈都良香像の変質と「天神縁起」── 鬼の付句をめ
　　ぐって ──〉。
42 唐・孟棨，《本事詩》，收錄於《歷代詩話續編》上（臺北：木鐸出
　　版社，1988），頁14。

二十韻〕）[43]范傳正〈唐左拾遺翰林學士李公新墓碑并序〉也提到這則佳話，「在長安時，祕書監賀知章號公爲謫仙人，吟公〈烏栖曲〉云：此詩可以哭鬼神矣」。[44]

比起賀知章讚美李白〈烏棲曲〉可泣鬼神，實際上真的感動了鬼的都良香詩話則別具靈異色彩的趣味性，而這與大江匡房個人對靈異神怪的偏好有關。如他曾認爲自己是熒惑星的化身一事，或是將文人小野篁改寫爲地府的冥官等等，[45]許多特異的言行，讓他成爲當代公認的異色學者。[46]再從目前所知他接觸過的唐宋筆記小說來看，如《明皇雜錄》、《纂異記》、《南部新書》、《隋唐嘉話》、《本事詩》（見後節駱賓王事）等，都是當時平安文人不太接觸的雜書，大江匡房的閱讀傾向顯示，這些唐宋筆記小說中所記載的軼事趣聞，對他而言十分具有魅力。再加上前述《本朝神仙傳》中的都良香形象特質，以及下節「醉寫」的考察結果來看，大江匡房形塑都良香形象時，比起《古今和歌集》的序文，參考唐人軼事小說的可能性更高。

（二）醉　寫

李白的醉寫逸話馳名千古，同樣的，都良香也有「醉寫

43　唐・杜甫著，清・楊倫箋，《杜詩鏡銓》，頁 282。

44　唐・李白著，清・王琦注，瞿蛻園、朱金城校注，《李白集校注》，頁 1781。

45　見本書第六章、第四章。

46　如藤原宗忠便曾批評他，「匡房所爲，奇也怪也。世間之人爲文狂歟。可謂物怪歟。凡件卿依所労此両三年來暗記録世間事。或有僻事、或有虛言。爲末代誠不足言也。」嘉承二年（1107）九月二十九日條。（日）藤原宗忠，《中右記》3，頁 263。

敕符」的逸事傳世。醉寫的模式最早見於《世說新語》的阮
籍故事：

> 魏朝封晉文王為公，備禮九錫，文王固讓不受；公卿
> 將校，當詣府敦喻。司徒鄭沖馳遣信就阮籍求文；籍
> 時在袁孝尼家，宿醉扶起，書札為之，無所點定，乃
> 寫付使。時人以為神筆。（《世說新語》）[47]

　　日本思想大系的《本朝神仙傳》補注都良香的「醉寫敕
符」情節仿自阮籍故事，但和下述李白醉寫的文獻史料比對
後，會發現後者的情節更貼近都良香的「醉寫敕符」。李白
醉寫的傳說膾炙人口，相關文獻中的醉寫題材大致可分為〈番
書〉、〈樂詞〉、〈出師詔〉三類。

1. 醉寫番書

　　醉寫番書題材是元代之後才逐漸成形的，元雜劇中與李
白醉寫相關的作品，有王伯成的《李太白貶夜郎》和鄭光祖
的《李太白醉寫秦樓月》。到了明代，以李白為主角的故事
裡，多見醉寫番書的情節，最著名的便是馮夢龍的〈李謫仙
醉寫嚇蠻書〉（收入《警世通言》）。[48]在唐時雖已有文獻
記載李白答番書一事，如「天寶初，玄宗辟翰林待詔，因為
和蕃書」（劉全白〈唐故翰林學士李君碣記〉），「論當世
務，草答蕃書，辯如懸河，筆不停綴」（范傳正〈唐左拾遺

---

47 劉宋・劉義慶，《世說新語》（北京：中華書局，1999），頁 155-156。
48 鮑開愷，〈古典戲曲中的「太白醉寫」故事演變初探〉，《蘇州科技
　學院學報（社會科學版）》26.3（2009.8），頁 51-54。

翰林學士李公新墓碑并序〉）等，[49]不過，在唐時「番書」並未與「醉寫」這個要素結合。

2. 醉寫樂詞

李白醉寫樂詞的故事，見於《國史補》、《本事詩》、《松窗錄》、《舊唐書》、《新唐書》、樂史〈李翰林別集序〉等，比醉寫番書的型態更早出現：

> 李白在翰林多沉飲。玄宗令撰〈樂詞〉，醉不可待，以水沃之，白稍能動，索筆一揮十數章，文不加點。後對御，引足令高力士脫靴，上命小閹排出之。（《國史補》）[50]

李白應詔所撰的樂詞名稱，在諸書的記載也稍有出入，《本事詩》為〈宮中行樂〉五言律詩十首，《松窗錄》為〈清平調〉，《舊唐書》為〈樂府新詞〉，《國史補》為〈樂詞〉，《唐摭言》為〈白蓮花開序〉及〈宮詞〉十首。樂史的〈李翰林別集序〉裡，李白醉寫的是〈清平調〉，與《松窗錄》的記載相同。眾多醉寫樂詞的記載，以醉寫〈清平調〉的版本流傳最廣。

3. 醉寫出師詔

李白所有的醉寫傳說中，以醉寫〈清平調〉和番書二者

---

49 唐・李白著，清・王琦注，瞿蛻園、朱金城校注，《李白集校注》，頁 1780。
50 唐・李肇，清・張海鵬輯刊，《國史補》（《學津討原》，臺北：新文豐出版社，1979），頁 415。

最為人所熟知，但卻鮮少人知道在李白傳奇中有醉寫〈出師詔〉這一則故事。魏顥〈李翰林別集序〉便有〈出師詔〉一事的相關記載：

> 上皇豫游召白，白時為貴門邀飲，比至半醉，令製〈出師詔〉，不草而成。（〈李翰林別集序〉）[51]

李白撰的〈出師詔〉原文並未流傳下來，不過從名稱可知，與都良香所撰出兵出羽的敕符，在性質上皆是軍事屬性。由於〈李翰林別集序〉的寫作年代早於樂詞及番書，因此這裡提到的〈出師詔〉應是李白醉寫的最早紀錄，而這也是醉寫〈出師詔〉唯一的一筆文獻。大江匡房撰寫的都良香〈醉寫敕符〉，題材與魏顥〈李翰林別集序〉的「醉寫〈出師詔〉」題材雷同，而敘事用語上則近似《本事詩》、《國史補》、《唐摭言》。

都良香撕破下屬的草稿，「染筆作[52]，文不加點」（《本朝神仙傳》），下筆成章，沒作任何修改。比起形容阮籍「書札為之，無所點定」（《世說新語》）的敘事表現來看，「〔李白〕索筆一揮十數章，文不加點」（《國史補》），「白取筆抒思，略不停綴，十篇立就，更無加點」（《本事詩》），

---

51 唐・李白著，清・王琦注，瞿蛻園、朱金城校注，《李白集校注》，頁 1790。
52 《本朝神仙傳》的〈宮內廳書陵部本藏寫本〉，在「作」前有「改」一字。（日）大江匡房著，（日）井上光貞、（日）大曾根章介校注，《本朝神仙伝》，頁 636。

[53]「白於御前索筆一揮，<u>文不加點</u>。」（《唐摭言》），[54]大江匡房「文不加點」的用詞遣字與這些唐五代的筆記小說十分近似。他在參考中國小說改寫為日本故事時，有時會留下原文的辭語或構句形式，茲舉一例如下：[55]

> 天寶四年，撰黃素<u>文</u>於內道場，為民祈福，<u>其文自飛</u>
> <u>上天</u>。（《南部新書》丙）[56]

> 聖廟，昔於西府造無罪之<u>祭文</u>於山山名可尋訴，祭文漸
> 々<u>飛上天</u>云々。（《江談抄》第六‧45‧〈聖廟西府祭
> 文上天事〉）[57]

從這一點來看，醉寫題材雖與〈出師詔〉性質相同，但表現上可能參酌收有李白醉寫〈樂詞〉的《國史補》、《唐摭言》、《本事詩》等書，這也符合前述他閱讀的偏好傾向。李白醉寫的傳說流傳極廣，醉寫的題材內容出入也大，但最早的醉寫記述，沒在中國成長為動人心弦的傳說，卻在鄰國的都良香傳中出現了繼承者。魏顥的序文，應該是左右醉寫敕符問世的一個關鍵。

---

53 唐‧孟棨，《本事詩》，頁 15。
54 唐‧王定保，清‧張海鵬輯刊，《唐摭言》（《學津討原》，臺北：新文豐出版社，1979）卷 13，頁 565。
55 見本書第四章。
56 宋‧錢易，黃壽成點校，《南部新書》（《唐宋史料筆記叢刊》，北京：中華書局，2002），頁 178。
57 《江談抄‧中外抄‧富家語》（東京：岩波書店），頁 543。

（三）駱賓王靈隱寺續句

　　都良香另一則流傳甚廣的「弁財天續句」詩話，除了《江談抄》之外，還收錄在《體源抄》、《袋草紙》、《古今著聞集》、《撰集抄》、《源平盛衰記》、《太平記》、《東齋隨筆》等書。都良香的原詩摘句「三千世界眼前盡，十二因緣心裏空」則收錄於《和漢朗詠集・山寺》：

> 三千世界眼前盡，十二因緣心裏空。　　晚夏參竹生嶋述懷
> 都良香
> 　　古老傳云，下七字作者難思得。嶋主弁財天告教之。
> （《江談抄》第四・33）[58]

　　這一弁財天續句的故事，與駱賓王出現於靈隱寺指點宋之問，為宋接續苦思不得的詩句，可說是異曲同工。此一詩話源出於《本事詩》：

> 宋考功以事累貶黜，後放還，至江南。遊靈隱寺，夜月極明。長廊吟行，且為詩曰：「鷲嶺鬱岧嶢，龍宮隱寂寥。」第二聯搜奇思，終不如意。有老僧點長明燈，坐大禪牀，問曰：「少年夜夕久不寐，而吟諷甚苦，何邪？」之問答曰：「弟子業詩，適偶欲題此寺，而興思不屬。」僧曰：「試吟上聯。」即吟與聽之，

58　《江談抄・中外抄・富家語》（東京：岩波書店），頁 511。

　　再三吟諷，因曰：「何不云『樓觀滄海日，門聽浙江
　　潮』？」……遲明更訪之，則不復見矣。寺僧有知者，
　　曰：「此駱賓王也。」[59]（《本事詩》）

　　在題材上較爲近似的傳說，有唐錢起的〈鬼謠〉：「〔
起〕嘗於客舍月夜獨吟，遽聞人吟於庭曰：『曲終人不見，
江上數峯青。』起愕然，攝衣覘之，無所見矣，以爲鬼怪，
而志其一十字。起就試之年，李暐所試〈湘靈鼓瑟詩〉題中
有『青』字，起即以鬼謠十字爲落句，暐深嘉之，稱爲絕唱。」，
[60]不過，此一傳說雖也是獲得他者的幫助，但錢起是在殿試
時憶起往昔偶得的詩句「曲終人不見，江上數峰青」，並以
此十字爲落句，這和都良香在竹生島上苦思不得下句，在同
一地點獲得他者續句的形式差異較大。
　　再看都良香與宋之問訪遊的地點，杭州的靈隱寺與竹生
島上祭祀弁財天的寶嚴寺，也恰巧皆爲佛門廟宇。訪遊佛寺
時，詩做了一半無法完成，只能透過他者協助完成詩句。雖
然都良香的詩話內容明顯短少許多，但由情節的推展來看，
二則故事的鋪陳基本上是一致的。就筆者目前的調查結果，
在宋代以前，爲人續下句的詩話形式極少見，僅靈隱寺一例；
而在都良香詩話之前，此一類型的故事也不見於日本，「弁
財天續句」的靈感極可能是取材自駱賓王的靈隱寺詩話。

---

59 唐‧孟棨，《本事詩》，頁 17-18。駱賓王靈隱寺詩話流傳頗廣，同
　　則詩話亦見於《詩話總龜》、《石林詩話》、《苕溪漁隱叢話》、《唐
　　詩紀事》等書。
60 後晉‧劉昫等撰，《舊唐書》（北京：中華書局，1975），卷 168〈錢
　　徽傳〉，頁 4383。

綜上所述，大江匡房筆下的都良香形象，應是以中國才子的形象，特別是唐代文人的形象為主，配合李白、駱賓王的逸話所塑造而成的。

五、《江談抄》的言談與李白

前文提到大江匡房在撰寫都良香的軼事傳說上，參酌了李白的事蹟，且自魏顥撰的〈李翰林別集序〉取材醉寫的題材。本節進一步探討大江匡房所處的北宋時期，李白詩文集的流通狀況，及其他宋本唐人文集在平安時代的流通情形與重要性，以及大江匡房對謫仙李白的認知。

（一）文人成仙與李白仙傳

有關文人成仙一事，如前所述，在平安朝並不為一般人所熟悉。當時被稱為神仙、仙人者，多是修驗道的山林修行者，甚至是修佛之人。大江匡房在《本朝神仙傳》中所載文人得仙的傳記，有都良香、橘正通等人，可以說是開平安朝文人仙傳的先河：

> 盧照鄰者惡疾人也。李白者謫仙也。或人問云：「以李白號謫仙人之由見文集。是謂文章之體譬謫仙歟，又實以金骨之類歟。」被答云：「實謫仙也。」（《江談抄》第五・8・〈古集體或有對或不對事〉）[61]

61　《江談抄・中外抄・富家語》（東京：岩波書店），頁 527。

　　在面對「謫仙一詞是稱讚李白文筆非人間凡品，或是真仙下凡」的問題時，大江匡房回答：李白是真仙降世。

　　「以李白號謫仙人之由見文集」，是指李白回憶被賀知章喚爲謫仙人的往事，「太子賓客賀公於長安紫極宮一見余，呼余爲謫仙人，因解金龜換酒爲樂」（〈對酒憶賀監二首并序〉）。[62]被稱爲「謫仙」，是因賀知章欣賞李白飄逸非凡的文筆：「往見賀知章，知章見其文，歎曰：『子，謫仙人也！』」[63]或是附會李白母親夢到太白星而生下李白的傳言：「或曰：太白之精下降，故字太白，故賀監號爲謫仙，不其然乎！」（裴敬〈翰林學士李公墓碑〉）[64]唐代李白與神仙連結的軼事雖多，不過並未出現李白是真仙的說法。

　　大江匡房看似唐突的回答，倒不是他曲解李白被稱爲「謫仙人」的意涵。在唐代，「謫仙」一詞仍只是比喻，至宋時李白得仙的傳聞才開始流傳，[65]如蘇軾在《東坡志林》提到：

　　　　予頃在都下，有傳太白詩者，其略曰：「朝披夢澤雲」，
　　　　又云：「笠釣清茫茫。」此非世人語也，蓋有見太白
　　　　在肆中而得此詩者。<u>神仙之道，真不可以意度。</u>（《東

62　唐・李白著，清・王琦注，瞿蛻園、朱金城校注，《李白集校注》，頁 1362。

63　宋・歐陽修、宋祁，《新唐書》（北京：中華書局，1975），卷 202〈李白傳〉，頁 5762-5763。

64　唐・李白著，清・王琦注，瞿蛻園、朱金城校注，《李白集校注》，頁 1783。

65　楊文雄，〈李白效果史研究〉，《李白詩歌接受史》（臺北：五南圖書，1990），頁 69-78

坡志林》）[66]

《侯鯖錄》也轉載了這段內容，「東坡先生在嶺南，言元祐中有見李白酒肆中誦其近詩」。[67]另外，劉斧的《翰府名談》記載，白居易的後代白龜年在嵩山巧遇得仙的李白：

> 白龜年至嵩山，遙望東巖古木，巾兼幕窣地，步至其旁，樽俎羅列。有一人前曰：「李翰林相召。」龜年趨進。其人褒衣博帶，色澤秀發，曰：「吾則唐李白也。子之祖，乃白居易也。雖不同代，亦一時人。以其道同，今相往復。<u>吾自水解，放遁山水之間</u>。因思故鄉，西歸嵩峰。」（《類說》引《翰府名談》〈嵩山見李白〉）[68]

其他記載仙人李白傳說的，還有《河東先生龍城錄》。[69]李白成為真仙之事，至宋時開始被繪聲繪影地大肆渲染。

大江匡房是平安朝中最關注宋朝動向的學者，[70]他對李

---

66 宋・蘇軾，《東坡志林》（臺北：木鐸出版社，1982），卷3，頁57-58。

67 宋・趙令畤，《侯鯖錄》（《全宋筆記》，鄭州：大象出版社，2006），頁206。

68 宋・劉斧，《翰府名談》，收錄於《類說》（《景印文淵閣四庫全書》，臺北：臺灣商務印書局，1986），卷52，頁907。

69 傳為宋・王銍所撰，《河東先生龍城錄》，收錄於《百川學海》（臺北：正光書局，1971），頁524。

70 大江匡房深知宋朝的時勢動向，且反應在他的言行之中。除了向宋商打聽宋國的消息外，也曾自誇自己的文章受到北宋天子的賞識。其他，如當時宋朝盛行飛來峯的傳說，大江匡房便也開始四處宣傳吉野有一座海外飛來的靈山。見李育娟：〈金峯山飛來說と大江匡房〉，《國語國文》77.2（2008.2），頁30-43。

白「謫仙」的看法，代表他應該知曉鄰國，正流傳著李白成
仙的故事，同時這段談話也顯示這位學者積極地想要連繫起
文人與神仙間的關聯，這與他將文人寫入仙傳的立場是一致
的。

（二）宋本《李太白文集》與大江匡房

　　李白《草堂集》，唐時有魏顥、李陽冰、范傳正三種本
子，今皆不傳。北宋初年樂史著手整理李白的文集為二十卷，
另有別集十卷。後宋敏求得王文獻收藏的李白詩集，又得魏
顥所編李白詩集二卷及刻石等資料，彙整為三十卷。此本後
經曾鞏考訂先後順序，加以編次。此本在元豐三年（1080）
時，為毛漸從蘇州太守晏知止所得。毛將其鏤版傳刻於世，
是為最早的刊本。

　　藤原佐世於 891 年編寫的《日本國見在書目錄》中有關
李白著作的記載，僅有「李白歌行集三卷」一筆資料，這與
宋後所輯本子卷數差異甚大。不知是當時日本存有三卷本的
李白歌行詩，還是日人自行輯錄的本子。[71]大江匡房在承德
二年（1098）赴九州大宰府任官，大宰府是與北宋商人貿易
往來的重要都市，他在當地與宋商交流，一般認為他在大宰
府自宋商手中購入了大量的中國書籍。[72]雖然購入的書目不
詳，但他赴任大宰府時，宋刻本早已問世，是以付梓鏤刻的

71　（日）矢島玄亮，《日本国見在書目錄集證と研究》（東京：汲古書
　　院，1984），頁 215。
72　（日）大曾根章介，〈大江匡房と説話緣起〉，頁 387-389。
　　（日）小峯和明，〈俊賴と匡房〉，《院政期文學論》（東京：笠間
　　書院，2006），頁 404。

宋刻本李白文集，相對地容易取得。而且保存至今的宋蜀刻本（現藏北京圖書館、日本靜嘉堂文庫）李白文集卷首，即收有李陽冰、魏顥、范傳正等人的序文、碑文。

　　對大江匡房來說，唐抄本的重要性遠不如宋本。平安朝人大量蒐集中國的書籍，再加以抄寫轉載，其中也包括著名的唐詩人文集。在日本本地要獲得唐人詩文集並不困難，但大江匡房仍屢屢向宋商購買唐代名家的詩集：

> 又被命云：「注王勃集，注杜工部集等，所尋取也。
> 元稹集度々雖詆唐人，不求得」云々。（《江談抄》第
> 五・5・〈王勃元稹集事〉）[73]

　　引文中的「唐人」指的是宋人。大江匡房提到，他曾向宋商購得注王勃集、[74]注杜甫集，獨元稹集至今仍未取得。元稹集在平安朝流傳甚廣，對平安文學也產生相當深遠的影響。大江匡房也曾以元稹的菊花詩創作兼明親王（914-987）的詩話（《江談抄》），故事背後還牽扯到了元稹集用字的對立問題。

　　唐時只有唐人選唐詩集，直至宋時才有注唐人詩文集問世，所以大江匡房想購買的唐人詩文集應是宋本無誤。他十分重視宋本，曾在一次談話中提到〈長恨歌〉中，「夜雨聞猿腸斷聲」的校異問題：

73　《江談抄・中外抄・富家語》（東京：岩波書店），頁 526。
74　（日）矢島玄亮，《日本国見在書目録集證と研究》，頁 205 中有「新注王勃集十四卷」一條，未詳。

> 「……斜谷之鈴者玄宗幸蜀之時，聽斜谷鈴聲思貴
> 妃。<u>夜雨聽猿腸斷聲猿字可改鈴字</u>。<u>件事昔所披見也</u>」
> 云々。僕問云：「然者文集僻事歟，又傳寫之誤歟。」
> 詳不答。「<u>所見書可尋記，忘卻畢</u>。」……（《江談
> 抄》第六・49・〈仁和寺五大堂願文事〉）[75]

　　這裡談到，他從前見過「鈴」字版本的《白氏文集》，
所以「夜雨聞猿腸斷聲」中的「猿」字，應改為「鈴」字才
對。在日本保存的古寫本《白氏文集》為「猿」字，而宋本
則是「鈴」字，佐藤道生指出從這則談話看得出，若唐抄本
與宋刊本間的用字不同時，他傾向以宋刊本為正確的版本，
傳達出他重視宋本甚於唐本的態度。在學者以唐抄本系本文
至上的時代中，唯獨大江匡房主張宋刊本是正確的，也是當
時第一位接受宋刊本系本文的儒者。[76]

　　宋人的詳實考訂，對學者出身的大江匡房而言可說是耳
目一新，更是不可多得的文獻資料，這應是他積極向宋商購
買宋版書的原因。不過，從上述《江談抄》的談話中，又可
看出對於這些辛苦蒐集來的中國書籍，「所見書可尋記，忘
卻畢」，他的態度是不公開的。像這種忘了資料是從哪來的
談話，在《江談抄》中還有好幾處。[77]可見他對文獻資料的來
源持保密的態度，不願公之於世，卻又藉由這些最新的知識，

---

75 《江談抄・中外抄・富家語》（東京：岩波書店），頁 543。

76 （日）佐藤道生，〈「朗詠江註」の発端〉，《芸文研究》91.1（2006.12），
　　頁 45-63。

77 （日）大曾根章介，〈大江匡房と説話縁起〉，頁 385。

誇示自己的博學多聞。

六、小　結

　　都良香史傳中的性格、事蹟甚至是宗教信仰，和大江匡房所經手的都良香傳說，呈現出兩個截然不同的人物形象。民間的傳說常不符史實，但即使浮誇、荒誕不經，也必有脈絡可尋。在都良香逝後，至大江匡房的作品問世之前，沒有出現任何都良香的傳奇故事，但在《本朝神仙傳》、《江談抄》之後，相關傳說卻大量湧現，並不斷地被轉載在後世的說話、緣起、詩話、謠曲等文學作品之中。

　　大江匡房將改編過的都良香傳說，分述於不同的著述：《江談抄》、《本朝神仙傳》、〈朗詠江注〉之中，並以故老傳說的形式，營造出口耳相傳的氛圍，將自己化身為街談巷說的記錄者。透過模糊撰寫者的處理方式，成功將中國的傳說轉化成平安文人的趣聞軼事。綜觀大江匡房所寫的詩話作品，其背景大部分是以《和漢朗詠集》、《本朝文粹》收錄的詩文為主，研判他可能以當時日本的詩文總集為中心，選擇他需要的篇目，再參考中國詩人軼事，從中取得靈感進行改寫。

　　《江談抄》是一部敘事片斷、晦澀難解的作品，也因此目前它的研究進展，較其他作品而言相對地緩慢，但透過還原它背後牽涉的文化交流、書籍的輸入狀況等，可見微知著，進一步得知中國文學、文獻對日本平安晚期文壇所產生的影響。宋版唐人別集或筆記、筆記小說等，除了已確定少部分

書籍輸入日本外，整體而言宋版書在日本的流通狀況仍不明朗，大江匡房的談話雖然隱瞞了不少資訊來源，但經由以上的分析可知，他是在仍以唐風爲尊的平安文壇中，第一位重視宋刊本、宋學的學者。大江匡房的詩文著述在日本漢文學中自然有其重要性，但他更大的價值在於可透過這位博學又熱切關注北宋文學發展動向的學者，發掘北宋文獻資料在日本文壇的流動及使用情況，《江談抄》一書的重要性也在於此。今後透過《江談抄》一筆筆文獻的比對分析，相信能更進一步描繪出平安晚期日本文學與宋代文學、文獻交流的輪廓，以及在兩者交流下所衍生出錯綜複雜的平安文學樣貌。

第六章　《江談抄》說話三則小考

一、前　言

　　宋代圖書的廣泛流通，造成士人治學方式的改變。從前極爲珍貴的書籍，可以以低廉的價格取得，促成宋代考據學及經典研究的興盛。唐人詩集的校勘及注釋，也是宋人整理前人著述的成就之一。從《江談抄》〈王勃元稹集事〉的談話背景，可知大江匡房所取得書籍的注釋者及出版流通的相關訊息。而〈文選三都賦事〉及〈都督爲熒惑精事〉的內容，則顯示他可能接觸的書籍類型。本章藉此三則《江談抄》說話，略窺大江匡房的治學態度、宋本書取得的背景，兼及與北宋流通圖書間的關聯。

二、〈王勃元稹集事〉

　　《江談抄》〈王勃元稹集事〉這則談話，提到大江匡房向北宋商人求購書籍，取得《注杜工部集》及《注王勃集》，但唯獨《元稹集》屢屢求書卻未能入手。這則談話中雖提到《注杜工部集》及《注王勃集》，但語焉未詳，未說明是誰

所注的本子。

> 又被命云：「注王勃集，注杜工部集等，所尋取也。
> 元稹集度度雖誂唐人，不求得」云々。（《江談抄》·
> 第五·〈王勃元稹集事〉）[1]

　　宋人喜愛杜詩，自北宋起，輯佚、考訂、集注杜詩集的
文人相當多，形成後世所謂「千家注杜」的盛況。由於宋代
注杜甫詩集的文獻史料較《元稹集》、《王勃集》為多，從
諸本注杜詩集的成書時間及相關文獻，可進一步推察大江匡
房取得的注杜詩集為何本。

（一）　《注杜工部集》

　　杜甫詩集據《舊唐書》與《新唐書》記載，原有六十卷，
[2]在他逝世後不久便已散失，唐代的樊晃在大歷年間蒐集到的
杜詩共二百九十首，編為《小集》六卷。北宋初年，又有孫
僅、蘇舜欽、王洙、王安石等人著手蒐集整理杜甫散佚詩作。
據王洙（997-1057）《杜工部集記》的記載，他在寶元二年
（1039）以搜羅到的唐代古本二卷、蜀本二十卷、《集略》

1　（日）大江匡房著，（日）山根對助、（日）後藤昭雄、（日）池上
　　洵一校注，《江談抄·中外抄·富家語》（《新日本古典文學大系》，
　　東京：岩波書店，1997），頁 526。
2　後晉·劉昫等撰，《舊唐書》（北京：中華書局，1975），卷 190 下
　　〈文苑下〉，頁 5057。
　　宋·歐陽修、宋祁，《新唐書》（北京：中華書局，1975），卷 60〈藝
　　文志〉，頁 1603。

十五卷、樊晃序《小集》六卷、孫光憲序本二十卷、鄭文寶
序《少陵集》二十卷、別題小集二卷、孫僅一卷及雜編三卷
等九種杜本，刪去重複的詩文，重新編爲二十卷本《杜工部
集》，共取詩一千零四十五首，文二十九篇：

> 甫集初六十卷，今秘府舊藏，通人家所有稱大小集
> 者，皆亡逸之餘，人自編摭，非當時第敍矣。蒐裒中
> 外書凡九十九卷。古本二卷、蜀本二十卷、《集略》
> 十五卷、樊晃序《小集》六卷、孫光憲序二十卷、鄭
> 文寶序《少陵集》二十卷、別題小集二卷、孫僅一卷、
> 雜編三卷。除其重複，定取千四百有五篇，凡古詩三
> 百九十有九，近體千有六，起太平時終湖南所作，視
> 居行之次，若歲時為先後，分十八卷，又別錄賦筆雜
> 著二十九篇為二卷，合二十卷。意茲未可謂盡，他日
> 有得尚副益諸。寶元二年十月王原叔記。（〈杜工部
> 集記〉）[3]

　　嘉祐四年（1059），姑蘇郡守王琪以其父王洙本爲底本
重加編定，刻印刊行《杜工部集》，使得杜甫詩集得以廣泛
流傳。而二王本《杜工部集》的刊行，也帶起宋代注釋杜詩
的風潮。「北宋南宋之交，注杜蜂起，興起注杜高潮，當時
號稱千家注杜，流傳至今的只有九種」，[4]除了無注文的本帙

3　宋・王洙，〈杜工部集記〉，《杜工部集》（臺北：臺灣學生書局，
　　1967），頁 3-4。
4　聶巧平，〈宋代杜詩的輯佚〉，《廣西師院學報（哲學社會科學版）》
　　22.2（2001.4），頁 69-72。

《宋本杜工部集》、《草堂先生杜工部詩》外，可考的傳世之本，皆成書於南宋：

1. 《門類增廣集註杜詩》
2. 《門類增廣十註杜工部詩》
3. 《九家集註杜詩》三十六卷
4. 《王狀元集百家注編年杜陵詩史》三十二卷
5. 《分門集註杜工部詩》二十五卷
6. 《杜工部草堂詩箋》五十卷
7. 《黃氏補千家集註杜工部詩史》三十六卷

　　傳王洙曾注杜詩，是最早的注杜詩集，為千家注杜之始。胡仔《苕溪漁隱叢話》有文：「子美詩集，余所有者凡八家：《杜工部小集》，則潤州刺史樊晃所序也。《注杜工部集》，則內翰王原叔所注也。」[5]《宋史》卷 280〈藝文志〉記「王洙注杜詩三十六卷」。[6]但這本《注杜工部集》早已散失，只存佚文於後世注杜詩集等相關文獻中。

　　王洙注杜詩一事，自北宋末年起便不斷有人質疑其真實性。梅新林考證最早的注杜詩集作者並非王洙，而是北宋的鄧忠臣（生卒不詳）。[7]梅並指出傳為王洙撰的《注杜工部集》引用《新唐書》的史料，但《新唐書》成書於嘉祐五年（1060），王洙在此之前便已辭世。再加上不管是王洙自述編集《杜工

5 宋・胡仔纂集，廖德明校點，《苕溪漁隱叢話》（臺北：木鐸出版社，1982）後集卷 8，頁 56。

6 元・脫脫等撰，《宋史》（北京：中華書局，1977），卷 280〈藝文志〉，頁 5383。

7 梅新林，〈杜詩偽王注新考〉，《杜甫研究學刊》44（1995.4），頁 39-42。

部集》的集記，或是其子王琪刻印時所撰的後記，皆未提及王洙注杜詩一事。另外更有《續資治通鑑長編》元祐六年（1091）八月已亥條，記載鄧忠臣「頃嘗注杜詩」，為佐證鄧忠臣注杜詩的史料：

> 摯（劉摯）又云：「忠臣，長沙人，王珪門客，及第後，因緣入館，丁憂去。服除，再入秘書省為正字，為言者所攻，去，通判瀛州。還，差注《晉書》，校對黃本。忠臣有學問，能文，長于雜記。頃嘗注杜詩，久留心晉史，故使注之。」（《續資治通鑑長編》）[8]

又，元好問引吳激（1090-1142）〈贈李東美詩引〉說明當世流傳的注杜詩集，其實真正的作者為鄧忠臣，但被鏤版刻印的書商改名王洙注印行：

> 今日見吳彥高《東山集》，有贈〈李東美詩引〉云：「元祐間，秘閣校對黃本，鄧忠臣字慎思，余柳氏姨之夫，今世所注杜工部詩，乃慎思平生究竭心力而為之者。鏤板家標題，遂以託名王源叔。」翰林兩王公前後記，初無一語及此注，而後記又言「如源叔之能文，止作記於後」，則源叔不注杜詩，為可見矣。……近歲得浙本杜詩，是源叔之孫祖寧所傳。前有序引備

---

8 宋・李燾撰，《續資治通鑑長編》（北京：中華書局，2004），頁 11079。

言其大父源叔未嘗注杜詩。（《中州集》）[9]

祝簡《詩說》記政和七年（1117）時，他引用注杜詩集考據詩語出典，此本即是題爲王洙注的注杜詩集，也是最早引用注杜詩集的例子。而這本已散失的注杜詩集，即是後世文獻所稱的舊注。[10]

另外，筆者見《苕溪漁隱叢話後集》引《能改齋漫錄》逸文，有一則吳曾引鄧忠臣注的記載，說明鄧注引證失誤之處，如梅新林所考，鄧忠臣確實爲這部《注杜工部集》的作者。

「昨日玉魚蒙葬地，早時金盌出人間。」鄧忠臣乃引茂陵玉盌爲據，少陵豈以玉盌爲金盌哉，蓋指盧充幽婚事也。（《能改齋漫錄》）[11]

鄧忠臣，長沙人，字慎思，一字謹思，神宗熙寧三年（1070）時進士，哲宗元祐六年（1091）爲秘書省注《晉書》官。梅新林認爲鄧氏杜注成書於元祐二年（1087）至六年（1091）之間，於元祐六年後至政和七年的這段時間被改名爲王洙注。鄧小軍則指出崇寧元年（1102）鄧忠臣被打入元祐黨籍後遭到迫害，朝廷下令禁毀元祐黨的學術著作時，自然也包

9　金·元好問，《中州集》，（《四部叢刊》，上海：上海商務印書館，1919），乙集第二，頁1。

10 梅新林，〈杜詩僞王注新考〉，頁39-42。

11 宋·吳曾，《能改齋漫錄》，（臺北：木鐸出版社，1982），頁542。

括鄧忠臣的著作，書商因而以王洙名義出版鄧忠臣的注杜詩集。鄧忠臣約在崇寧二年（1103）九月至三年六月間去世，而祝簡引用杜注的時間在政和七年（1117），據此，鄧小軍認爲此書被改題爲王洙注的出版期間，應在他去世後至政和七年（1117）的這段時間。[12]

　　梅新林考北宋末年的《洪芻詩話》，是最早提到鄧忠臣和杜詩注有所關聯的記載。《洪芻詩話》已散佚，此段佚文收於吳曾的《能改齋漫錄》：「洪駒父詩話謂：『世所行注老杜詩，云是王叔原，或云鄧慎思。所注甚多疏略，非王、鄧書也。』」[13]洪芻提到流傳當世的杜詩注，一說是王洙注，一說是鄧忠臣注，不過他認爲此本「甚多疏略」，判斷兩人應非杜詩注的作者。洪芻生卒年不詳，哲宗紹聖元年（1094）進士，高宗建炎元年（1127），坐事流沙門島，不久卒於貶所。

　　大江匡房在天永二年（1111）去世，從上述《洪芻詩話》的記載，以及祝簡《詩說》的引用時間來看，大江匡房在談話中提到的《注杜工部集》，合理推測極可能是托爲王洙注的鄧忠臣注本。此本據梅新林考證，成書於元祐年間（1086-1094），那大江匡房取得書籍的時間應在元祐年間之後，也就是五十歲至去世的這段時間。

　　在完整瞭解北宋杜甫詩集的輯佚、注解、出版，以及《注杜工部集》作者疑問及成書情況後，可以大致確定大江匡房

---

12 鄧小軍，〈鄧忠臣《注杜詩》考 —— 鄧注的學術價值及其被改名爲王洙注的原因〉，《杜甫研究學刊》71（2002.1），頁 10-26。
13 宋・吳曾，《能改齋漫錄》，卷 5，頁 119。

購得的注杜詩集，應是同時代北宋流傳的《注杜工部集》。

（二）《杜工部集》印本售價

　　這部原爲鄧忠臣注，卻被書商改托爲王洙注的《注杜工部集》，據《宋史·藝文志》記載，這部書共三十六卷，[14]卷帙有相當的規模，至於價錢方面，文獻中亦有些數字可供參考。

　　姑蘇郡守王琪在嘉祐四年（1059）鏤版刊印的《杜工部集》，依《吳郡志》的記述，王琪爲籌措經費，鏤版刻印家中舊藏的《杜工部集》萬本，每部定價一千文，以賺取的利潤繳付省庫折抵建築費外，還有多餘的盈餘「以給公廚」。

> 後嘉祐中，王琪以知制誥守郡，治大修設廳，規模宏壯。假省庫錢數千緡，廳既成，漕司不肯除破。時方貴《杜集》，人間苦無全書。琪家藏本，讎校素精。即俾公使庫鏤版印萬本，每部爲直千錢。士人爭買之，富室或買十許部。既償省庫，羨餘以給公廚……（《吳郡志》）[15]

　　其中「萬本」、「千錢」的數字是否精確一事引起的討論不少，不過王水照認爲仍有一定的參考價值。定價一千文，

---

14 元·脫脫等撰，《宋史》（北京：中華書局，1977），卷 280〈藝文志〉，頁 5383。

15 宋·范成大，《吳郡志》（《文津閣四庫全書》，北京：商務印書館，2006）卷 6，頁 629。

不算昂貴，以熙寧八年（1075）一斗米五十文的價格來看，若物價變動不大，「對宋時一般生活指數而言，這一書價還是偏高的。」[16]王水照又以歐陽修的《石曼卿墓表》（拓本）和「省元賦」試卷（印本）為例，其價格相差一百九十二倍，而更早的仁宗時期，印製日曆印本只有寫本十分之一的價格。[17]

　　若參考成尋《參天台五臺山記》，熙寧六年（1073），日曆二卷六十文，一卷是三十文，日曆是生活必須品之一，三十文在當時應該是比較低廉的價格，可以當成一個參考的基準。「天聖惣目錄一部三帖，六百文」（第七，熙寧六年三月十五日條）[18]、「買不空三藏碑二本，各百廿文，大證禪師碑百卅文，大達法師碑百五十文。」（第七，熙寧六年三月二十五日條）[19]、「依路次寄印經院，買取十鉢文殊經一部十卷、寶要義論一部十卷、菩提離相論一卷、廣釋菩提心論一部四卷、圓集要義論四卷、祥符法寶錄廿一卷、正元錄二卷，與錢一貫五百文了。」（第八，熙寧六年四月六日條）[20]成尋購買的《天聖惣目錄》六百文、〈不空三藏碑文〉一百廿十文，數部佛經總計一貫五百文。名僧的碑文售價是日常生活必備品日曆的四到六倍，佛書目錄則是二十倍。這

16　王水照，〈作品、產品與商品 —— 古代文學作品商品化的一點考察〉，《文學遺產》，2007.3（2007.5），頁 7。

17　王水照，〈作品、產品與商品 —— 古代文學作品商品化的一點考察〉，頁 4-12。

18　（日）成尋，《參天台五臺山記》，（《大日本佛教全書》，東京：名著普及会，1984），卷 7，頁 140。

19　（日）成尋，《參天台五臺山記》，卷 7，頁 146。

20　（日）成尋，《參天台五臺山記》，卷 8，頁 155。

些佛書目錄或碑文的定價，依本體的價值販價不一。

　　三十六卷的《注杜工部集》卷帙規模頗大，卷數遠多於二十卷的《杜工部集》，即使物價無甚變動，價格也應高於千文。《注杜工部集》成書是在元祐年間以後，上述書籍價格約為二十年前的數據，僅能做為參考。宋商遠渡重洋將書籍交付到大江匡房手上時，依成本考量，想必會再抬高售價，不過，這對財力豐厚且求書若渴的大江匡房而言，似乎不構成問題。

（三）　《注王勃集》、《元稹集》

　　至於談話中的《注王勃集》，現存的史料文獻未見北宋注本的相關記載。藤原佐世（828-898）《日本國見在書目錄》裡記有「王勃集卅卷」、「新注王勃集十四卷」兩條，[21]後者的新注王勃集不知為何本，亦有可能為日人自編的本子。

　　《王勃集》散佚嚴重，日本現存有唐鈔本《王勃集》廿九、三十殘卷，楊守敬《日本訪書志》著錄《王子安文》一卷，羅振玉再增編為《王子安集佚文》。至於注集，有清蔣清翊的《王子安集註》，此外的注集則不明，因此，目前無法判斷大江匡房所謂的《注王勃集》為何人所注的本子。以下為《江談抄》另一則與王勃相關的談話：

21　（日）藤原佐世，《日本国見在書目錄》，《續群書類從》，（東京：
　　　續群書類從完成会，1959），頁 47。
　　　（日）矢島玄亮，《日本国見在書目錄集證と研究》（東京：汲古書
　　　院，1984 年），頁 205。

又被命云：「王勃八歲所作秀句アリ」云々。不覺。（《江談抄》第五・10・〈王勃八歲秀句事〉）[22]

　　大江匡房談到神童王勃在八歲時就能寫出佳句，不過他不記得其內容爲何了。檢閱王勃相關傳記資料，《舊唐書》中記載：「六歲解屬文，構思無滯，詞情英邁，與兄勔、勮，才藻相類，父友杜易簡常稱之曰：『此王氏三珠樹也。』」[23]楊炯《王勃集序》：「九歲，讀顏氏漢書，撰指瑕十卷。十歲，包綜六經，成乎朞月，懸然天得，自符音訓。時師百年之學，旬日兼之；昔人千載之機，立談可見。」[24]王勃天生聰穎，有神童之稱，六歲能作文，九歲能讀通顏師古注的《漢書》，並著《指瑕》十卷指出顏注失誤之處，十歲時便能通讀六經。

　　不過，《舊唐書》及《王勃集序》皆未提及王勃八歲時有何作品。大江匡房這段談話的依據，不知是否和他購得的《注王勃集》有關？由於目前並無相關文獻可佐證這段談話的來源依據，需待新出的史料才能進一步確認。

　　大江匡房的談話最後提到屢次求購《元稹集》，但最後還是落空。這裡的《元稹集》不知是指宋人校勘本還是宋人所注的《元稹集》。元稹在生前整理自己的詩文集，編爲《元氏長慶集》，他的文集抄本早已傳入日本，也對日本平安文

22　《江談抄・中外抄・富家語》（東京：岩波書店），頁 527。

23　後晉・劉昫等撰，《舊唐書》，卷 190 上〈文苑上〉，頁 5005。

24　唐・王勃著，清・蔣清翊註，《王子安集註》（上海：上海古籍出版社，1995），頁 66。

學產生影響，所以大江匡房想要的《元稹集》，應是指宋人的刊本。《元稹集》散佚情況嚴重，直至北宋宣和年間（1119-1125）始有劉麟父子輯錄《元稹集》六十卷，不過在這個時間點，大江匡房已經過世。所以他向宋人屢求不得，可能不是宋商無法提供給他，而是當時未有宋人著手整理、校勘元稹的文集，故無宋本書可買。

在對照北宋注唐人詩集及出版狀況後，大致可知大江匡房的購書符合當時圖書的出版流通情況。大江匡房手上的《注杜工部集》雖不知為抄本或印本，不過北宋末年印本普及，價格便宜且容易取得，他所購得的宋人注集也不排除為印本的可能性。透過〈王勃元稹集事〉這則談話，可以瞭解到在圖書正常發行流通的情況下，除了與國防、政治相關的禁書外，大江匡房可以順利取得他想要的宋代書籍。

平安貴族求書若渴，宋人出版的書籍不論是抄本或印本，校勘縝密詳實，極富學術價值，對宋商而言出版品是有利可圖的商品。宋代書籍大量抄寫、印行，大江匡房可以取得當時通行的書籍，也可說是拜宋代圖書流通便利所致。

三、玉樹小考

（一）《江談抄》的治學秘談

宋人致力古籍的蒐羅、校勘與整理，再加上雕版印刷興起，印本文化的興盛，讓士人取得書籍更為容易，也因此逐漸改變了士人的治學及讀書方式。宋代文人知識的蓄積量遠

超前人，考訂、訓詁學極為發達，這與冊子本檢索便利息息相關。

　　清水茂認為福建學者輩出，與當地印刷業發達相關，他以葉德輝（1864-1927）《書林清話》卷2〈宋建安余氏刻書〉記載，福建造紙印書在宋時極盛一事為例，說明建安余氏在北宋時即以刻書為業，且當時出版業以福建最為發達。[25]清水茂更指出卷子本變為冊子本後，學者可類聚觀之，同時檢閱多種書籍。因冊子本便於檢索，也促進了宋代考據學風的盛行。

> 始於唐代的印刷術，在宋代獲得了迅速的發展，開始有了以營利為目的的出版活動。刊印本得到普及，並傳至國外，讀書已不再是特權階層的專利，一介寒士也可以擁有屬於自己的書籍。而書籍的形態，則由卷子本變為冊子本，這樣不僅便於印刷，也便於閱讀，讀者不用像卷子本那樣必須從開頭逐頁讀去，而是可以任意翻閱自己想讀的地方，從而使檢索成為可能。於是在傳統的注釋之外，又出現了參考其他書籍的"新注"，考證的學風也由此產生。[26]

　　宋代的筆記詩話也隨著經典研究的復興，以及文人的學者化而有了轉變，北宋初年詩話以文壇軼事和史實考訂為內

25　（日）清水茂著，蔡毅譯，〈印刷術的普及與宋代的學問〉，《清水茂漢學論集》（北京：中華書局），2003，頁88-99。

26　（日）清水茂著，蔡毅譯，〈印刷術的普及與宋代的學問〉，頁98。

容的作品爲主，中期以後文人重學術考辨，因而詩話多重考據用事造語的出處。[27]《江談抄》擁有眾多的傳本至今，是因爲書中收載了珍貴的公卿秘談、治學記聞及掌故考據等資料，使得此書備受重視。在與弟子的談話中，大江匡房常談到詩語的出處掌故，或典故原書出處，其中不少記事都包含了龐大的知識訊息。不過，大曾根章介注意到大江匡房談到部分學術或典故的話題時，雖能精準地陳述詩語的用典來源，但卻常會以忘卻所讀書名爲理由，如「所見書可尋記，忘卻了」、「所見書忘卻」等，含糊其詞的結束話題。[28]不管是忘記原書出處，或精確地指出典故依據，整體而言，大江匡房的詩話偏重典故考據及詩語出處的傾向十分明顯，數量亦多，[29]這和北宋中葉後文人重視考據的風氣傾向是相同的。

　　《江談抄》有一則關於揚雄〈甘泉賦〉「玉樹」（《文選》）一詞的典故考據問答。以下，藉由梳理歷代注解「玉樹」的文獻，略探大江匡房對正統《文選》學與雜書、筆記所載「玉樹」掌故的看法。

　　　　又問云：「《文選》三都賦序云：楊雄賦甘泉，陳玉

27　周勛初，〈宋金元的文學批評〉，《周勛初文集》（江蘇：江蘇古籍出版社，2000），頁 241。

28　（日）大曾根章介，〈大江匡房と說話・緣起〉，《日本漢文学論集》（東京：汲古書院，1998），頁 379-388。

29　（日）三木雅博，〈院政期における和漢朗詠集注釈の展開 —— 《朗詠江注》から《和漢朗詠集私注》へ —— 1995 年 9 月〉，《和漢朗詠集とその享受》（東京：勉誠社，1995），頁 211-238。

樹青蔥云々。則所賦無實也。而《坤元錄》云：甘泉宮
有玉樹。楊雄所賦是也。其義如何？」被答云：「此
書籍相違事耳。但玉樹者何乎？」僕答云：「不知。」
被命云：「玉樹者槐也。江家私記也。」（《江談抄》
第六・54・〈文選三都賦事〉）[30]

　　有人向大江匡房提問《文選》揚雄〈甘泉賦〉「翠玉樹
之青蔥兮」中「玉樹」一詞的用典問題。提問者問到，左思
認爲「玉樹」不是實際存在的樹，揚雄的用語不過是一種誇
張的潤飾而已，但《坤元錄》卻記載甘泉宮有玉樹存在，表
示揚雄〈甘泉賦〉寫的是事實，不知何者的記載才是正確的？
大江匡房表示，這不過是書籍間記述上的不同而已。但他又
接著問提問者，「那你知道什麼是玉樹嗎？」被問的人說不
知道，大江匡房回答「玉樹爲槐也，江家私記也。」玉樹其
實指的是槐樹，而這一說屬於大江家家學中的秘記，與一般
的說法不同。日本書陵部藏〈管見記紙背文選〉卷 2 的「玉
樹」欄外注，有「槐也。江中納言被申也。」的釋文，[31]大
江匡房談話中所謂的「江家私記」被引用在後人對《文選》
「玉樹」一詞的注解上。
　　這則「玉樹」考據談話的相關資料，整理如下：首先關
於揚雄〈甘泉賦〉「翠玉樹之青蔥兮」（《文選》）[32]中「玉

---

30 《江談抄・中外抄・富家語》（東京：岩波書店），頁 544。
31 《江談抄・中外抄・富家語》（東京：岩波書店），頁 241。「玉樹
　　爲槐也，江家私記也」一文注，引用山崎誠之說。
32 梁・蕭統編，唐・李善注，《文選》（上海：上海古籍出版社，1986）
　　卷 7，頁 325。

樹」的用語，左思在〈三都賦〉序文評其「假稱珍怪，以爲潤色」。

> 楊雄賦甘泉而陳「玉樹青蔥」……假稱珍怪，以為潤
> 色，若斯之類，匪啻于茲。考之果木，則生非其壤；
> 校之神物，則出非其所。於辭則易為藻飾，於義則虛
> 而無徵。（〈三都賦序・左思〉）[33]

　　至於「玉樹」是否真實存在的爭議，李善則引《漢武帝
內傳》，指揚雄〈甘泉賦〉的玉樹，是漢武帝爲祭神用，以
珊瑚爲枝、碧玉爲葉所製成的珠玉寶樹。

> 善曰：「《漢武帝故事》曰：上起神屋，前庭植玉樹，
> 珊瑚為枝，碧玉為葉。璧馬犀，言作馬及犀為璧飾也。」
> （〈甘泉賦〉）[34]

　　顏師古注《漢書》，也同樣引漢武故事說明玉樹非自然
而生的樹木，是漢武帝爲供神而製的人工寶樹。並指左思不知
有此物存在，才會在〈三都賦〉序文批評揚雄用語過於誇張。

> 師古曰：「玉樹者，武帝所作，集眾寶為之，用供神
> 也，非謂自然生之。而左思不曉其意，以為非本土所

---

33 梁・蕭統編，唐・李善注，《文選》，卷 4，頁 173。
34 梁・蕭統編，唐・李善注，《文選》，卷 7，頁 325。

出，蓋失之矣。（〈甘泉賦〉）[35]

　　至於《江談抄》的對話中提到的《坤元錄》，是唐太宗之子，魏王李泰主編的地理誌，別名《括地志》，原書原有五百五十卷，卷帙規模龐大，但已經散佚。《宋史・藝文志》著錄「魏王泰坤元錄十卷」，《日本國見在書目錄》記「坤元錄百卷」，藤原佐世的目錄成書當時應已有不少卷子散佚。《弘決外典抄》、《和名抄》及《明文抄》則存有《坤元錄》部分引文記事。據大江匡房的對談內容，約略可知提問者所檢閱的《坤元錄》「玉樹」條，僅記甘泉宮有玉樹存在，但不包括玉樹爲槐樹的相關說明。因而大江匡房補充了玉樹爲槐樹之說。另檢閱清・孫星衍輯佚的《括地志》本子，並無甘泉宮玉樹記事，此玉樹條應已散失。[36]近人賀次君輯校的《括地志》，[37]或山崎誠翻刻《管見記》卷 6 紙背文書的《括地志》佚文，亦未見甘泉宮玉樹條。[38]

　　「玉樹者槐也。江家私記也。」大江匡房指出「玉樹」其實是槐樹，是大江家獨傳的說法，表示在正統的《文選》學外，漢學大家的大江家擁有當時文壇所不知的治學秘說，在當時的平安朝，除了大江匡房之外，的確未見他人提出此

35　漢・班固撰，唐・顏師古注，《漢書》（北京：中華書局，1997），卷 87 上〈揚雄傳〉，頁 3527。

36　唐・李泰等著，清・孫星衍輯，《括地志》（《叢書集成初編》，北京：中華書局，1991），卷 2，頁 35-36。

37　賀次君，《括地志輯校》（北京：中華書局，1982），頁 16-17。

38　（日）山崎誠，〈宮内庁書陵部藏《管見記》卷六紙背《括地志》殘卷について〉，《中世学問史の基底と展開》（大阪：和泉書院，1993），頁 215-229。

一見解。不過考察中國文獻中「玉樹」與「槐樹」的關聯，卻發現相關記事頗為豐富。

（二）《三輔黃圖》、《隋唐嘉話》中的「玉樹」

揚雄〈甘泉賦〉中「玉樹」為槐樹的說法，最早見於《三輔黃圖》。《三輔黃圖》，又簡稱《黃圖》，散佚已久，其佚文散見於歷代引文之中。此書記秦、漢都城的舊跡建築，特別是長安城的宮城，記載最為詳備。成書年代有東漢、東漢末魏初及梁陳時等說法，眾說紛云。《隋書·經籍志》記載「黃圖一卷，記三輔宮觀、陵廟、明堂、辟雍、郊畤等事」。[39]

> 今按甘泉谷北岸有槐樹，今謂玉樹。根幹盤峙三二百年木也。楊震《關輔古語》云：「耆老相傳，咸以謂此樹即揚雄《甘泉賦》所謂玉樹青蔥也。」（《三輔黃圖》）[40]

顏師古注《漢書》，或李善注《文選》皆未引用《三輔黃圖》「玉樹為槐樹」的說法，不知是在唐時《三輔黃圖》已有散佚，或者「甘泉宮玉樹為槐樹」之說未引起人注意？左思批評揚雄〈甘泉賦〉「玉樹」的爭議或討論頻見於歷代文獻及史料之中，但在唐前成書的《三輔黃圖》，「玉樹為

---

39 唐·魏徵，唐·令狐德棻撰，《隋書·經籍志》（北京：中華書局，1973），卷33〈經籍志〉，頁982。

40 《三輔黃圖》，（《景印文淵閣四庫全書》，臺北：臺灣商務印書館，1983），卷2，頁7-8。

槐樹」的記載並未被引用在注《漢書》或注《文選》裡。

　　另一記載「玉樹」與「槐樹」關聯的是唐劉餗《隋唐嘉話》。「玉樹」條記述雲陽縣漢離宮故地,「有樹似槐而葉細,土人謂之玉樹」,左思不知道這樹的存在,因而批評揚雄修辭潤飾過度。

> 雲陽縣界多漢離宮故地,有樹似槐而葉細,土人謂之玉樹,楊子雲〈甘泉賦〉云「玉樹青蔥」,後左思以雄為假稱珍怪,蓋不詳也。(《隋唐嘉話》)[41]

　　劉餗為劉知幾次子,生卒年不詳,曾參與修史的工作。李肇《國史補·序》云:「昔劉餗集小說,涉南北朝至開元,著為《傳記》」,[42]其中「《傳記》」即是《新唐書·藝文志》史部著錄的三卷《國朝傳記》。陳振孫《直齋書錄解題》記劉餗著有《隋唐嘉話》一卷,[43]據程毅中的校訂解說,「今本《隋唐嘉話》,比《直齋書錄解題》著錄的多兩卷,不知是內容不同還是分卷不同。而且今本卷數雖與《國朝傳記》相同,也未必是《國朝傳記》的原貌」。[44]不過,《舊唐書·經籍志》和《新唐書·藝文志》都沒有著錄《隋唐嘉話》。

41　唐·劉餗著,程毅中點校,《隋唐嘉話》(《唐宋史料筆記叢刊》,北京:中華書局,1979),頁 52。
42　唐·李肇,清·張海鵬輯刊,《國史補》(《學津討原》,臺北:新文豐出版社,1979),頁 1。
43　宋·陳振孫,《直齋書錄解題》(《宋元明清書目題跋叢刊》,北京:中華書局,2006)卷 11,頁 676。
44　唐·劉餗著,程毅中點校,《隋唐嘉話》,頁 5。

而曾慥《類說》和朱勝非《紺珠集》中都收有《傳記》、《國史異纂》及《隋唐嘉話》三書，記事重出，應是異名同書。至於《隋唐嘉話》為何未著錄在新舊唐書一事，程毅中指出：「劉餗的《國朝傳記》很久以來未見傳本。《隋唐嘉話》的書名，不見於兩唐書，似乎是出於宋人改題。可能人們以為它是偽書，因而不加重視，《四庫全書》也沒有收。但《國朝傳記》實際上並沒有亡佚，而是以《隋唐嘉話》的名稱流傳下來了。」[45]劉餗《隋唐嘉話》一書的名稱頗為複雜，為避免造成混淆，以下以《隋唐嘉話》統一稱之。

　　劉餗《隋唐嘉話》中，以漢離宮故地生長著似槐的「玉樹」，佐證揚雄〈甘泉賦〉用詞並非空穴來風。不過樹葉似槐，和玉樹等於槐樹的描述，兩者間是有些距離的，而且《隋唐嘉話》的記載似乎非引自《三輔黃圖》。

　　宋代引用《三輔黃圖》考據〈甘泉賦〉「玉樹」典故的文獻頗多，筆者整理所知文獻如下：

1. 樂史（930-1007）《太平寰宇記》
2. 曾慥（？-1155）《類說》
3. 程大昌（南宋）《演繁露》、《雍錄》
4. 羅願（南宋）《爾雅翼》
5. 張淏（南宋）《雲谷雜記》
6. 吳曾（南宋）《能改齋漫錄》
7. 王楙（南宋）《野客叢書》

引用《隋唐嘉話》解說〈甘泉賦〉「玉樹」典故的則有：

---

45 唐・劉餗著，程毅中點校，《隋唐嘉話》，頁 5。

1. 《太平廣記》

2. 《太平御覽》

3. 李上交《近事會元》（1056 成書）

4. 曾慥（？-1155）《類說》

5. 朱勝非（1082-1144）《紺珠集》

6. 王灼（1081-1160）《碧雞漫志》

7. 吳曾（南宋）《能改齋漫録》

8. 楊齊賢（南宋）《分類補注李太白詩》

9. 王楙（南宋）《野客叢書》

其中，《太平廣記》注記引文出自《國史異纂》；《太平御覽》則記出「唐書」；《近事會元》記出處爲「唐傳記」；《能改齋漫録》則記《隋唐嘉話》，引用書名不一，但所引記內容相同。

《三輔黃圖》及《隋唐嘉話》雖是宋前的書籍，但書中所記〈甘泉賦〉「玉樹爲槐樹」之說，或「玉樹與槐樹的關聯」的記事，至宋代明顯受到注目，相關考據或引文頻見於類書或筆記雜著。

宋初振興文化的重要措施之一，便是古籍的蒐羅與校勘整理。由《三輔黃圖》及《隋唐嘉話》相關記事被頻繁收錄在類書，雜載在筆記的現象來看，兩書應是宋代蒐羅整理古籍的成績之一。宋代圖書的廣泛流通，對於文人在治學上助益頗大，士人的筆記雜著如《近事會元》、《能改齋漫録》等，也多引用《三輔黃圖》及《隋唐嘉話》之說，南宋邵博的《邵氏聞見後録》中提到：「玉樹者，槐也。」更直接視玉樹爲槐樹的異名。

唐傳記云：雲陽界多漢離宮故地。至唐，有樹似槐而
葉細，土人謂之玉樹。玉樹青葱，左思賦有之。或非
其語過，蓋不知此樹也。（《近事會元》）[46]

《三輔黃圖》云：甘泉宮有槐，根幹盤峙，二三百年
物也。即揚雄賦所謂「玉樹青葱」者。余按，唐劉餗
《隋唐嘉話》謂：雲陽縣界多漢離宮故地，有似槐而
葉細，土人謂之玉樹。揚子雲甘泉賦云：「玉樹青葱」，
指此。後左思識之，已失。《三輔黃圖》以為槐之根
幹，則又甚矣。（《能改齋漫錄》〈辯誤〉）[47]

謂萬年枝者，冬青也。玉樹者，槐也。宮苑中多此二
木，特易以美名。（《邵氏聞見後錄》）[48]

　　從以上整理的「玉樹」用例，可知北宋中期以後，「玉
樹為槐」成為有別於《文選》注及《漢書》注的另一熱門說
法。大江匡房對〈甘泉賦〉「玉樹」的說明，應是來自《三
輔黃圖》或《隋唐嘉話》，或是其它收有相關記載的書籍。
　　平安時代前期，《文選》在大學寮紀傳道（文章道）的
所有講授教科中是最重要的一科，當時因文章經國的思想使
《文選》被文人及學生奉為作文之經典圭臬，包括李善注等

---

46 宋・李上交，《近事會元》（《叢書集成初編》，北京：中華書局，
　　1991），卷 5，頁 62。
47 宋・吳曾，《能改齋漫錄》，卷 3，頁 52。
48 宋・邵博撰，劉德權、李劍雄點校，《邵氏聞見後錄》（《唐宋史料
　　筆記叢刊》，北京：中華書局，1983），卷 29，頁 229。

注集皆是文人學者治學的必讀書目。但平安中期因《白氏文集》的流行及文章經國思想的衰退，使得《文選》學的發展受到壓抑。到了平安晚期，《文選》學再度復興，其中致力於提倡《文選》學的其中一人便是大江匡房。《文選》是大江家家學傳承的重要學問之一，在《江談抄》中屢屢出現《文選》的治學及相關軼事等談話。他的長詩〈西府作〉，以及〈羽觴隨波賦〉、〈莊周夢爲胡蝶賦〉、〈秋日閑居賦〉和〈落葉賦〉等賦作，其選語也大量來自《文選》。[49]

　　而令人玩味的是，大江匡房在與弟子問答的最後，意有所指的指稱「玉樹爲槐」爲大江家的私記，也就是指大江家擁有有別於傳統《文選》學的學術傳承。從他未明白指出「玉樹爲槐」的依據來源是《三輔黃圖》、《隋唐嘉話》等書，反稱之爲大江家私記一事來看，或許意謂著當時此類雜史類的筆記不受重視，不在院政期貴族文人的藏書之列，知之者甚少，因而大江匡房才敢宣稱「玉樹爲槐」爲大江家私記。

四、《隋唐嘉話》所收李淳風軼事

　　大江匡房將雜書、雜史的記載納爲己用的情形，可以再參考另一個例子。這個例子也與《隋唐嘉話》有關。《隋唐嘉話》收載一則李淳風的預言軼事，被大江匡房運用在〈都督爲熒惑精事〉這一則談話。「類聚本」《江談抄》將此話

49　（日）佐藤道生，〈大江匡房の《文選》受容〉，《国文学：解釈と鑑賞》60.10（1995.10）：76-83。（日）波戶岡旭，〈大江匡房と賦〉，《国文学：解釈と鑑賞》60.10（1995.10），頁113-119。

置在第三卷，而古本系的「神田本」、《水言鈔》則將本則
故事置於全書首篇。

> 匡房ヲハ世人有謂云々。可聞事侍也。先年陰陽道僧都
> 慶增来云：「世間人、殿ヲハ熒惑精ト申也。然者閻魔
> 庁乃訴仕ラントテ来也」云々。聞此事以来、乍身モ事外
> 也ト思給也。<u>唐大宗時ニッ熒惑精ハ燕趙ノ間山ニ降タリ
> ケル。李淳風ト云者、熒惑ノ精降ヌト云ケレハ、大宗遣
> 人令見ニ、白頭ノ翁アリ云々。又李淳風モ熒惑精也。如
> 此ノ精皆有ル事也云々。</u>（《江談抄》第三・40・〈都
> 督為熒惑精事〉）[50]

　　上引文中，陰陽堂僧都慶增來拜訪大江匡房時說：「世
人都說大江匡房是熒惑精，所以我想透過你向閻魔殿控訴」，
文意略為難解，而這段談話依《江談證注》的解釋，也可譯
為「我要到閻魔殿來控訴你」。大江匡房和慶增談完之後，
開始覺得自己不是一般的人物，並向弟子說了一個故事，內
容是有關唐太宗（598-649）時熒惑精化為白髮老人出現的奇
聞；當中的一個角色司天監長李淳風，他向唐太宗預言了熒
惑精即將出現在燕趙山間，於是太宗派人至當地，果然看到
了白頭翁現身。根據大江匡房的解釋，李淳風本身也是熒惑
的化身，所以像這種熒惑星化為人的事是很正常的。而這段
說明也等於是承認自己是熒惑精的化身，間接強調自己和李

---

50 《江談抄・中外抄・富家語》（東京：岩波書店），頁 502。

淳風相同，是擁有神秘力量的預言者。此段記事在古本「神田本」中，開頭處留下較長的談話口白，[51]但已有部分內容散佚。

　　然而在這段談話裡，其實大江匡房所提到的李淳風預言，在《隋唐嘉話》中，李淳風預言的不是熒惑星，而是北斗七星，而且北斗七星的化身是僧侶，也非白髮的老人。[52]

　　　　李淳風奏：「北斗七星官化為人，明日至西市飲酒。」使人候之，有僧七人共飲二石，太宗遣人召之，七人笑曰：「此必李淳風小兒言我也。」忽不見。（《隋唐嘉話》）[53]

　　李淳風上奏唐太宗，預言北斗七星將化為僧人至西市飲酒，唐太宗遣人至西市等候，果然遇見北斗七星所化的七名僧侶。《太平廣記》所收同條記事文字較詳細，也是記述北斗七星化為僧侶至西市飲酒。

　　　　唐太史李淳風（中略）又嘗奏曰：「北斗七星當化為人，明日至西市飲酒，宜令候取。」太宗從之，乃使

51　言談之次。被レ談云。自ヲバ此間世人何樣ニカ申侍ル。答云、今始何等事由乎。被レ談云、所レ聞事侍也。世人皆各有ニ云樣一云々。其故者、先年陰陽道僧都慶增……」（「神田本」）。（日）川口久雄、（日）奈良正一，《江談證注》（東京：勉誠出版，1984），頁494。

52　唐・劉餗著，程毅中點校，《隋唐嘉話》，頁58-59。

53　《類說》、《紺珠集》記出《異纂》。唐・劉餗撰，程毅中點校，《隋唐嘉話》，頁58-59。

人往候。有婆羅門僧七人，入自金光門，至西市酒肆。登樓，命取酒一石，持椀飲之。須臾酒盡，復添一石。使者登樓，宣敕曰：「今請師等至宮。」胡僧相顧而笑曰：「必李淳風小兒言我也。」因謂曰：「待窮此酒，與子偕行。」飲畢下樓，使者先下，回顧已失胡僧。因奏聞，太宗異焉。初僧飲酒，未入其直，及收具，於座下得錢二千。出國史異纂及紀聞（《太平廣記》〈方士一〉）[54]

在《江談抄》〈都督爲熒惑精事〉的談話中出現的僧都慶增，爲木工頭藤原周賴之子，關白藤原道隆之孫，擅長陰陽道，是比叡山陰陽堂的僧都。《二中歷》所記「能曆、宿曜師」的人名表上，列有慶增大僧都之名。慶增升爲權少僧都時，是康和四年（1102），升爲大僧都時爲嘉承二年（1107），[55]因此他和大江匡房談話的時間點，應是在大江匡房結束大宰府的任期回到京城之後。在慶增的話語中，在熒惑精之後提到了「閻魔殿的控訴」，乍看之下實在曖昧不明，文章脈絡中難以看出意指爲何。因此，以下首先說明熒惑及熒惑精所代表的意義。

熒惑爲火星，自古便被世人視爲災厄、禍敗之星而深感畏懼。此星幻化爲人類降臨世間時被稱爲熒惑精，常以幼童

---

54 宋・李昉等編，《太平廣記》（北京：中華書局，1961），卷 76〈方士一〉，頁 481。

55 （日）平林盛得、（日）小池一行編，《僧歷綜覽》（東京：笠間書院，2008），頁 96。

的形象出現，並預言天地異變或戰世的到來。熒惑精所說的話原本類似巫醫之預言，僅是把即將會發生的事讓人們知曉，而不具有詛咒或讓原本無事的人陷於災禍的能力。但由於所報之事幾乎都與災厄相關，對聽見其預言的人而言，久而久之，便將熒惑與災厄直接劃上等號，將其視爲恐怖的象徵。我們可自王充《論衡》，或是《漢書》、《宋書》等眾多史料及文獻中，確認熒惑與災難的相關記述。

> 天地之氣為妖者，太陽之氣也，妖與毒同，氣中傷人者謂之毒，氣變化者謂之妖。世謂童謠，熒惑使之，彼言有所見也。熒惑火星，火有毒熒。故當熒惑守宿，國有禍敗。……《鴻範》五行二曰火、五事二曰言。言，火同氣，故童謠、詩歌為妖言。言出文成，故世有文書之怪。世謂童子為陽，故妖言出於小童。（〈訂鬼〉）[56]

在日本，熒惑星相關的記載雖少於中國，但熒惑星的確也被視爲災異之星。[57]慶增精通陰陽道，自然了解熒惑精所代表的意義。另外，由於天象學上，熒惑星忽隱忽現難以觀測，動向令人迷惑，讓熒惑一詞，除了前述的災厄象徵外，還多用在「以言語迷惑人心」這樣的負面形容上，如《史記・張儀列傳》「蘇秦熒惑諸侯。以是爲非，以非爲是」，[58]《後

---

56 漢・王充著，黃暉校釋，《論衡校釋》（北京：中華書局，1990）卷22〈訂鬼〉，頁941-944。

57 （日）岡安君枝，〈平安時代における陰陽道の星祭について〉，《法政史学》11（1958.10），頁61-68。

58 漢・司馬遷，《史記》（北京：中華書局，1982），卷70〈張儀列傳〉頁2296。

漢書・王符列傳》「又婦人不修中饋，休其蠶織，而起學巫祝，鼓舞事神，以欺誣細民，熒惑百姓之妻女」[59]等。

如上所述，熒惑精一般給人預告災難的負面印象，而熒惑一詞用在以妖異言論迷惑人心的負面形容。因此，當時世人謠傳大江匡房是熒惑精一事，絕非給予正面的評價。這段談話又與藤原宗忠《中右記》在嘉承年間批評大江匡房胡亂記載街談巷說，招人非議一事也有共通之處。[60]因此，慶增的談話應可以理解爲對大江匡房的挪諭或玩笑。

〈都督爲熒惑精事〉裡，大江匡房將北斗七星改爲熒惑星，僧人改爲白頭翁，並說明司天監李淳風也是熒惑精的化身。不過，李淳風的相關軼事裡從未牽扯上熒惑化身的傳聞，甚至在歷代史料中也找不到任何被視爲凶兆星宿的熒惑，化身成歷史上實際人物的記載。從這段談話我們也瞭解到大江匡房個性的特別之處：一代漢學宗師對外人及慶增挪諭他是

---

59 劉宋・范曄，《後漢書》（北京：中華書局，1982），卷49〈王符列傳〉，頁1634。

60 關於〈都督爲熒惑精事〉中，世人傳說大江匡房爲熒惑精及增慶提及的閻魔殿一事，石原昭平考《下學集》中，記載小野篁能往返冥府，是因爲他的本命星爲北斗七星破軍星。據此吉原浩人提出本命星爲武曲星，又等同火星的大江匡房也能往返閻魔殿的觀點。（《江談抄・中外抄・富家語》（東京：岩波書店），頁88）。不過《下學集》晚出於《江談抄》，乃冥官篁說話問世後所附會之說，且平安朝的本命星信仰爲北斗七星，本命祭與屬星祭所祭祀之星皆是以生年干支所計算出的北斗七星，未見視包括火星在內的九曜爲本命星之說（山下克明，〈密教星辰供の成立と道教〉，《平安時代の宗教文化と陰陽道》（東京：岩田書院，1996），頁283-317。）因此是否能輕易將災異之星－火星與北斗七星的本命信仰連結在一起，這是第一個疑點。再者中、日文獻中皆未見熒惑精能往返冥府的記載，這亦是未能解決的疑點。因此筆者著眼史料中對熒惑的解釋，以及一般人對熒惑的認知來進行相關說明，提出不同的看法。

熒惑精一事認真起來，進而以正面積極的態度說明自己是一個非凡的人物，甚至藉用改編《隋唐嘉話》的李淳風預言故事，企圖轉化熒惑的既定印象，製造佳談，用以辯駁、對抗世間對他的負面評價。

五、小　結

宋代類書或筆記屢見《三輔黃圖》、《隋唐嘉話》的引用，說明兩書在當時並非特別罕見的書籍。但大江匡房全然無視原書記載，改編《隋唐嘉話》北斗七星降臨的預言軼事，以及將「玉樹爲槐樹」之說記爲大江家獨有的學問等舉動，頗令人匪夷所思。

這個情況或許代表院政期的日本鮮少人知道《隋唐嘉話》、《三輔黃圖》等書籍的存在。據先學及筆者目前考察的結果來看，在同時代除了大江匡房外，文人貴族一般對筆記及雜著的興致似乎比較低，購書傾向仍以史學、儒學、唐人詩集以及佛典等爲主。北宋熙寧年間對民間出版的限令解除後，出版更爲自由，流通的書籍種類及數量也不斷擴增，大江匡房能取得北宋晚年通行的《注杜工部集》，代表他購書的管道通暢無礙，這也是拜宋代圖書大量發行流通便利所致。而取用筆記雜著的知識，做爲他個人的談話及治學依據一事，推測可能也與宋人致力文化事業發展，出版業繁榮的大環境有著密切的關係。

結　論

　　《江談抄》一書以隨筆形式漫錄世間瑣聞、詩壇軼事、詩文評論、典故考據、音訓考訂等記事，體裁上與中國的筆記有共通的特色。此書與北宋文學的關係，可從體裁及詩話篇章兩大方面來看。語錄體的隨筆自宋代開始發展，為北宋筆記的一大特徵；而《江談抄》是日本首部語錄體的隨筆，也採同樣的書寫形態。再來，《江談抄》的詩話，其撰寫模式與北宋筆記中所收載的詩話形態相同。在「論詩及辭」的詩話方面，宋代詩話與唐代不同之處在於，唐人詩話偏重法式，以詩格、詩法的作詩論述為主；宋人詩話則重文學、理論的批評，而《江談抄》「論詩及辭」的詩話也同樣具有此一宋詩話的特色。北宋初年中葉以後，文人談典故、重學問，因此詩話多考據用事造語的出處，而這個特徵也與《江談抄》「論詩及辭」的詩話特色一致。

　　據此，宋代詩話筆記對日本文學產生實際的影響，應可上溯至平安晚期的院政期。虎關師鍊《濟北集》的〈詩話〉承襲南宋系統分明、條理精密的江西詩派，而《江談抄》「論詩及辭」的詩話，則呈現北宋偏重考據注釋，重文學批評的傾向。其中零散、片斷的詩學管見，其敘事方式則承襲了「以資閒談」的隨筆風格。

　　在「論詩及事」方面，除撰寫形式雷同之外，部分詩歌本事更是取材自唐宋筆記中所收載的軼事瑣聞，如在大江齊光的故事裡，大江匡房甚至顛倒史實，為大江一族中較無名聲的大江齊光撰寫詩話，手法極為粗糙。〈聖廟西府祭文上天事〉的情形亦同。這些例子在敘事形式及用辭上皆與宋筆記相同，只替換了人物及時空背景，留下明顯的斧鑿痕跡。

　　平安貴族及文人重視漢籍，向宋商購買書籍的紀錄多見於日本的古文獻之中。至於平安朝文學是否受到北宋文學影響一事，在此之前並未有一個明確的解答，但透過一連串針對《江談抄》體裁及詩話篇章的考察，使得此書與北宋文學間牽涉的層面漸趨明朗，得知其與北宋文學間的接點，並非詩文詞句的繼承，而是在於筆記詩話的形式呈現。至於書中的題材來源，又與《隋唐嘉話》、《明皇雜錄》、《纂異記》、《本事詩》及《南部新書》等唐宋筆記、筆記小說中所收載的詩壇軼事相關。

　　從〈仁和寺五大堂願文事〉的談話，可知大江匡房重視宋版《白氏文集》甚於日本舊藏的唐抄本，是平安朝第一位接受宋刊本系本文的學者。宋人所刊印的唐人別集，校勘仔細、考訂詳實，對學者出身的大江匡房而言是不可多得的寶貴書籍，他向宋商屢屢求購宋人注唐人別集，也是為取得這些宋人治學考據的珍貴累積。而能夠取得同時代通行的注本《注杜工部集》，也是拜宋日貿易的興盛及北宋晚年出版業繁榮之賜。刊印本的普及、圖書的大量流通，促進了宋代考據學風的盛行，改變了士人的讀書型態和著述風尚，也是促成《江談抄》成書的原因之一。

　　如筆者論中所言，此一研究重心並非在論述《江談抄》一書是否背離「說話」的定義，而是為了追溯《江談抄》記述形態之本源，還原它在文學史上應有的價值及定位。以說話作品而言，《江談抄》是一部不成熟、敘事片斷、晦澀難解的說話集，但跳脫體裁的框架後，這部書所代表的其實是宋日文學文化交流中的一個重要標竿。透過還原它背後牽涉的文化交流、書籍的輸入狀況等，可見微知著，進一步得知中國文學、文獻對日本平安晚期文壇所產生的影響。

　　本書針對《江談抄》的體例形態進行歸納分析，並考察與唐宋筆記詩話密切相關的記事，但《江談抄》的記事十分隱晦難解，再加上全書所收錄的記事數量龐大，礙於筆者能力所及，僅能針對上述研究方向進行考察，無法顧及所有層面或調查所有篇章記事。《江談抄》內未解的記事數量仍不在少數，若針對此書記事持續調查，或許可找出更多大江匡房談話背後的重要訊息，使院政期與宋代文學文化間的影響輪廓更為清晰明朗。

引用書目

一、傳統文獻

漢・司馬遷，《史記》，北京：中華書局，1982。

漢・班固撰，唐・顏師古注，《漢書》，北京：中華書局，1997。

漢・王充著，黃暉校釋，《論衡校釋》，北京：中華書局，1990。

劉宋・范曄，《後漢書》，北京：中華書局，1982。

劉宋・劉義慶，《世說新語》，北京：中華書局，1999。

《三輔黃圖》，《景印文淵閣四庫全書》468，臺北：臺灣商務印書館，1983。

唐・李白著，清・王琦注，瞿蛻園、朱金城校注，《李白集校注》，上海：上海古籍出版社，1980。

唐・杜甫著，楊倫箋，《杜詩鏡銓》，臺北：天工書局，1988。

唐・李肇，清・張海鵬輯刊，《國史補》，《學津討原》13，臺北：新文豐出版社，1979。

唐・孟棨，《本事詩》，收錄於《歷代詩話續編》上，臺北：木鐸出版社，1988。

唐・王定保,清・張海鵬輯刊,《唐摭言》,《學津討原》
　　14,臺北:新文豐出版社,1979。

唐・唐臨撰,方詩銘輯校,《冥報記》下,北京:中華書局,
　　1992。

唐・張鷟,《朝野僉載》,《唐宋史料筆記叢刊》1,北京:
　　中華書局,1979。

唐・戴孚,《廣異記》,北京:中華書局,1992。

唐・牛僧孺撰,程毅中點校,《玄怪錄》,臺北:文史哲出
　　版社,1989。

唐・杜佑撰,王文錦點校,《通典》,北京:中華書局,1988。

唐・王勃著,清・蔣清翊註,《王子安集註》,上海:上海
　　古籍出版社,1995。

唐・李泰等著,清・孫星衍輯,《括地志》,《叢書集成初
　　編》3096,北京:中華書局,1991。

唐・魏徵,唐・令狐德棻撰,《隋書・經籍志》,北京:中
　　華書局,1973。

唐・劉餗著,程毅中點校,《隋唐嘉話》,《唐宋史料筆記
　　叢刊》1,北京:中華書局,1979。

梁・蕭統編,唐・李善注,《文選》,上海:上海古籍出版
　　社,1986。

後晉・劉昫等撰,《舊唐書》,北京:中華書局,1975。

宋・錢易,黃壽成點校,《南部新書》,《唐宋史料筆記叢
　　刊》46,北京:中華書局,2002。

宋・歐陽修、宋祁,《新唐書》,北京:中華書局,1975。

宋・劉斧,《翰府名談》,收錄於《類說》,《景印文淵閣

四庫全書》873，臺北：臺灣商務印書局，1986。

宋・蘇軾，《東坡志林》，臺北：木鐸出版社，1982。

宋・趙令畤，《侯鯖錄》，《全宋筆記》第 2 編第 6 冊，鄭
州：大象出版社，2006。

宋・王銍撰，《河東先生龍城錄》，收錄於《百川學海》，
臺北：正光書局，1971。

宋・羅璧，《識遺》，《四庫全書珍本十一集》129，臺北：
臺灣商務印書館，1981。

宋・李燾撰，《續資治通鑑長編》，北京：中華書局，2004。

宋・李燾撰，清・黃以周輯補，《續資治通鑑長編拾補》，
北京：中華書局，2004。

宋・蘇軾，《蘇軾文集》，北京：中華書局，1986。

宋・葉夢得，《石林燕語》，北京：中華書局，1984。

宋・歐陽修，《六一詩話》，收錄於《歷代詩話》上，臺北：
木鐸出版社，1982。

宋・司馬光，《溫公續詩話》，收錄於《歷代詩話》上，臺
北：木鐸出版社，1982。

宋・王讜撰，周勛初校證，《唐語林校證》，北京：中華書
局，1987。

宋・蔡寬夫，《詩史》，收錄於《宋詩話輯佚》下冊，北京：
中華書局，1980。

宋・阮閱撰，《詩話總龜》，《古今詩話續編》1，臺北：
廣文書局，1973。

宋・歐陽修，《歸田錄》，《唐宋史料筆記叢刊》6，北京：
中華書局，1997。

宋・范鎮，《東齋記事》，《唐宋史料筆記叢刊》5，北京：
　　中華書局，1980。

宋・魏泰，《東軒筆錄》，《唐宋史料筆記叢刊》11，北京：
　　中華書局，1997。

宋・李上交，《近事會元》，《叢書集成初編》2748，北京：
　　中華書局，1991。

宋・王得臣，《麈史》，收錄於《知不足齋叢書》，《百部
　　叢書集成》509，臺北：藝文印書館，1966。

宋・王闢之，《澠水燕談錄》，《唐宋史料筆記叢刊》6，北
　　京：中華書局，1981。

宋・洪邁，《容齋隨筆》，《唐宋史料筆記叢刊》41，北京：
　　中華書局，2005。

宋・晁公武，《郡齋讀書志》，《書目續編》2，臺北：廣文
　　書局，1967。

宋・宋綬、宋・宋敏求編，《宋大詔令集》，臺北：鼎文出
　　版社，1972。

宋・張師正，《括異志》，北京：中華書局，1996。

宋・司馬光撰，陳磊譯注，《資治通鑑》，北京：中華書局，
　　2007。

宋・王洙，《杜工部集》影宋本，臺北：臺灣學生書局，1967。

宋・胡仔纂集，廖德明校點，《苕溪漁隱叢話》，臺北：木
　　鐸出版社，1982。

宋・邵博撰，劉德權、李劍雄點校，《邵氏聞見後錄》，《唐
　　宋史料筆記叢刊》16，北京：中華書局，1983。

宋・吳曾，《能改齋漫錄》，臺北：木鐸出版社，1982。

宋・范成大，《吳郡志》，《文津閣四庫全書》485，北京：
　　商務印書館，2006。

宋・陳振孫，《直齋書錄解題》，《宋元明清書目題跋叢刊》
　　1，北京：中華書局，2006。

宋・李上交，《近事會元》，《叢書集成初編》2748，北京：
　　中華書局，1991。

宋・李昉等編，《太平廣記》2，北京：中華書局，1961。

金・元好問，《中州集》，《四部叢刊》4集部202，上海：
　　上海商務印書館，1919。

元・吳澄撰，《吳文正集》，《四庫全書珍本二集》319-328，
　　臺北：臺灣商務印書館，1971。

元・脫脫等撰，《宋史》，北京：中華書局，1977。

明・焦竑，《焦氏筆乘續集》，北京：中華書局，2008。

清・蔣廷錫等編纂，《古今圖書集成》63，臺北：文星書店，
　　1964。

清・董誥等編，《全唐文》20，臺北：匯文書局，1961。

清・徐松原輯、陳援庵等編，《宋會要輯稿》，北京：中華
　　書局，1957。

（日）《北野緣起》，《群書類從》第二輯神祇部卷19，東
　　京：續群書類從完成会，1986。

（日）《尊卑分脈》，《新訂增補国史大系》59，東京：吉
　　川弘文館，1974。

（日）《日本紀略》，《新訂增補国史大系》11，東京：吉
　　川弘文館，1965。

（日）藤原道長，《御堂関白記》上、下卷，《日本古典全

集》53、54，東京：日本古典全集刊行会，1926。

（日）藤原明衡，《本朝続文粋》，《新訂増補国史大系》
　　29下，東京：吉川弘文館，2000。

（日）成尋，《参天台五臺山記》，《大日本佛教全書》115，
　　東京：名著普及会，1984。

（日）大江匡房著，（日）山根对助、（日）後藤昭雄、（日）
　　池上洵一校注，《江談抄・中外抄・富家語》，《新日
　　本古典文学大系》32，東京：岩波書店，1997。

（日）藤原宗忠，《中右記》2、3，《増補史料大成》10、
　　11，京都：臨川書店，1965。

（日）源師時，《長秋記》，《増補史料大成》16，京都：
　　臨川書店，1965。

（日）藤原通憲，《通憲入道藏書目錄》，《群書類従》第
　　二八輯雑部卷495，東京：続群書類従完成会，1959。

（日）藤原清輔著，（日）藤岡忠美校注，《袋草紙》，《新
　　日本古典文学大系》29，東京：岩波書店，1995。

（日）空海，《文鏡秘府論》，臺北：金楓出版社，1987。

（日）黑田彰、（日）伊藤正義、（日）三木雅博編著，《和
　　漢朗詠集古注釈集成》，東京：大学堂書店，1989。

（日）皇圓，《扶桑略記》，《新訂増補国史大系》12，東
　　京：吉川弘文館，1965。

（日）惠珍著，（日）深賢抄出，《僧綱補任抄出》，《群
　　書類従》第四輯補任部卷54，東京：続群書類従完成会，
　　1932。

（日）平信範，《兵範記》，《増補史料大成》18，京都：

臨川書店，1965。

（日）橘成季，《古今著聞集》，《日本古典文学大系》84，
　　東京：岩波書店，1966。

（日）江村北海，《日本詩史》，《日本詩話叢書》一，東
　　京：鳳出版，1972。

（日）林愨，《史館茗話》，《日本詩話叢書》1，東京：鳳
　　出版，1972。

（日）林瑜，《梧窗詩話》，《域外詩話珍本叢書》第 7 冊，
　　北京：北京圖書館出版社，2006。

（日）津阪孝綽，《夜航詩話》，《域外詩話珍本叢書》第
　　3 冊，北京：北京圖書館出版社，2006。

（日）清水茂、（日）大谷雅夫、（日）揖斐高校注，《日
　　本詩史・五山堂詩話》，《新日本古典文学大系》65，
　　東京：岩波書店，1991。

（日）一條兼良，《花鳥餘情》，《源氏物語古注集成》1，
　　東京：櫻楓社，1978。

（日）四辻善成，《河海抄》，東京：角川書店，1968。

（日）清少納言，《枕草子》，《新日本古典文学大系》25，
　　東京：岩波書店，1991。

（日）大江匡房著，（日）井上光貞、（日）大曾根章介校
　　注，《本朝神仙伝》，收錄於《往生伝・法華驗記》，
　　《日本思想大系》7，東京：岩波書店，1974。

（日）長谷川端校注，《太平記》，《新編日本古典文学全
　　集》57，東京：小学館。

（日）井上光貞、（日）大曾根章介校注，《大日本国法華

經驗記》，收錄於《往生伝・法華驗記》，《日本思想大系》7，東京：岩波書店，1974。

（日）菅原道真等編，《日本三代実録》，《新訂增補国史大系》4，東京：吉川弘文館，2000。

（日）菅原道真，（日）山口久雄校注，《菅家文草・菅家後集》，《日本古典文学大系》72，東京：岩波書店，1966。

（日）藤原實資，《小右記》5，《大日本古記錄》11，東京：岩波書店，1969。

（日）藤原公任，《和漢朗詠集》，《新編日本古典文学全集》19，1999。

（日）藤原公賢，《拾芥抄》，《大東急記念文庫善本叢刊》中古中世編類書 II，東京：汲古書院，2004。

（日）藤原明衡編，《本朝文粹》，《新日本古典文学大系》27，東京：岩波書店，1992。

（日）淺見和彥校注，《十訓抄》，《新編日本古典文学全集》51，東京：小学館，1997。

（日）紀貫之等編，（日）小沢正夫、松田成穗校注譯，《古今和歌集》，《新編日本古典文学全集》7，東京：小學館，1994。

（日）西尾光一校注，《撰集抄》，《岩波文庫》黃 24-1，東京：岩波書店，1970。

（日）虎關師煉，《元亨釈書》，收錄於《日本高僧伝要文抄・元亨釈書》，《国史大系》31，東京：吉川弘文館，2000。

（日）藤原佐世，《日本国見在書目錄》，《續群書類從》
　　第三十輯上雜部卷 34，東京：續群書類從完成会，1959。

二、近人論著

丁錫根　1996　《中國歷代小說序跋集》，北京：人民文學
　　出版社。

王水照　2007　〈作品、產品與商品 —— 古代文學作品商品
　　化的一點考察〉，《文學遺產》2007.3，頁 4-12。

王水照主編　2000　《宋代文學通論》，高雄：復文圖書出
　　版社。

李乃龍　2000　《雅人深致與宗教情緣：唐代文人的生活樣
　　態》，臺北：文津出版社。

李育娟　2007　〈僧侶の神仙術としての避穀〉，《詞林》
　　41，頁 20-36。

李育娟　2008　〈金峯山飛來說と大江匡房〉，《国語国文》
　　77.2，頁 30-43。

李悔吾　1995　《中國小說史》，臺北：洪葉文化。

李斌城　2002　《唐代文化》，北京：中國社會科學出版社。

周志豔　2009　〈唐傳奇中妓女與文人關係的歷史分析〉，
　　《襄樊職業技術學院學報》8.2，頁 121-124。

周勛初　2005　《李白評傳》，南京：南京大學出版社。

周勛初　2000　《周勛初文集》2、5，南京：江蘇古籍出版
　　社。

周裕鍇　1997　《宋代詩學通論》，四川：巴蜀書社。

吳禮權　1993　《中國筆記小說史》，臺北：臺灣商務印書館。

胡世慶　2005　《中國文化通史》，臺北：三民書局。

唐代劍　2003　《宋代道教管理制度研究》，北京：線裝書局。

凌郁之　2005　〈《太平廣記》的編刻、傳播及小說觀念〉，《蘇州科技學院學報（社會科學版）》22.3，頁 73-77。

孫望、常國武主編　1996　《宋代文學史》，北京：人民文學出版社。

袁行霈　2003　《中國文學史》下，臺北：五南圖書出版社。

宮雲維　2010　〈20 世紀以來宋人筆記研究述論〉，《浙江社會科學》2010.1，頁 7-102。

曹之　1994　《中國印刷術的起源》，武昌：武漢大學出版社。

陳文新　1995　《中國筆記小說史》，臺北：志一出版社。

宿白　1999　《唐宋時期的雕版印刷》，北京：文物出版社。

黃正健　2005　〈有關唐宋時期崔府君信仰之若干問題〉，收錄於榮新江主編，《唐研究》11，北京：北京大學出版社，頁 295-312。

郭玉雯　1988　「宋代詩話的詩法研究」，臺北：臺灣大學博士論文。

黃征、張涌泉校注　1997　《敦煌變文集新書》，北京：中華書局。

陳登武　2009　《地獄・法律・人間秩序 —— 中古中國宗教、社會與國家》，臺北：五南圖書。

郭紹虞　　1980　《宋詩話考》，臺北：學海出版社。

郭紹虞　　1980　《宋詩話輯佚》上、下，北京：中華書局。

梅新林　　1995　〈杜詩偽王注新考〉，《杜甫研究學刊》44，
　　　　　頁 39-42。

許瀛鑑　　1997　《中國印刷史論叢》，臺北：中國印刷學會。

賀次君　　1982　《括地志輯校》，北京：中華書局。

張伯偉　　2000　《中國詩學研究》，瀋陽：遼海出版社。

張豈之　　1992　《中國思想史》，臺北：水牛文化事業有限
　　　　　公司。

張高評　　2000　《會通化成與宋代詩學》，臺南：國立成功
　　　　　大學出版組。

張高評　　2008　《印刷傳媒與宋詩特色 —— 兼論圖書傳播與
　　　　　詩分唐宋》，臺北：里仁出版社。

張高評　　2009　〈圖書傳播與宋詩特色 —— 宋代印刷文化史
　　　　　研究之一〉，收錄於鄧喬彬編，《第五屆宋代文學國際
　　　　　研討會論文集》，廣州：暨南大學出版社，頁 1-15。

張健　2006　《詩話與話評》，臺北：文津出版社。

張國風　　2002　〈《太平廣記》在兩宋的流傳〉，《文獻季
　　　　　刊》4，頁 101-105。

張暉　1993　《宋代筆記研究》，武昌：華中師範大學出版
　　　　　社。

張葆全　　1991　《詩話和詞話》，臺北：國文天地雜誌社。

傅璇琮　　2003　〈序〉，《全宋筆記》第 1 編第 1 冊，鄭州：
　　　　　大象出版社。

楊文雄　　1990　《李白詩歌接受史》，臺北：五南圖書。

葛景春　1994　《李白與唐代文化》，鄭州：中州古籍出版社。

葛景春　2002　《李白研究管窺》，河北：河北大學出版社。

鄧小軍　2002　〈鄧忠臣《注杜詩》考 —— 鄧注的學術價值及其被改名爲王洙注的原因〉，《杜甫研究學刊》71，頁 10-26。

魯迅　1924　《中國小說史略》，臺北：風雲時代出版（1996年新版）。

劉葉秋　1980　《歷代筆記概述》，北京：中華書局。

鄭憲春　2004　《中國筆記文史》，長沙：湖南大學出版社。

鄭憲春　2004　《中國筆記文史》，長沙：湖南大學出版社。

蔡鎮楚　2001　《中國詩話史》，長沙：湖南文藝出版發行。

錢存訓　2004　《中國紙和印刷文化史》，桂林：廣西師範大學出版社。

鮑開愷　2009　〈古典戲曲中的「太白醉寫」故事演變初探〉，《蘇州科技學院學報（社會科學版）》26.3，頁 51-54。

韓秋白、顧青　1995　《中國小說史》，臺北：文津出版社。

蕭登福　1985　〈敦煌寫卷〈唐太宗入冥記〉之撰寫年代及其影響〉（下），《中華文化復興月刊》18.6，頁 55-62。

聶巧平　2001　〈宋代杜詩的輯佚〉，《廣西師院學報（哲學社會科學版）》22.2，頁 69-72。

龔鵬程　2003　《中國小說史論》，臺北：學生書局。

（日）川口久雄　1989　《大江匡房》新裝版，東京：吉川弘文館。

（日）川口久雄　1999　《敦煌よりの風 2》，東京：明治

書院。

（日）川口久雄、（日）奈良正一　1984　《江談證注》，
　　東京：勉誠出版。

（日）山內晋次　2002　〈日宋貿易の展開〉，收錄於（日）
　　加藤友康編，《日本の時代史 6 摂関政治と王朝文化》，
　　東京：吉川弘文館。

（日）日比野純　1979　〈《済北集》卷十一〈詩話〉につ
　　いて〉，《中世文学》，23，頁 20-26。

（日）三木雅博　1995　《和漢朗詠集とその享受》，東京：
　　勉誠社。

（日）山本安津恵　2002　〈小野篁婿入冥官譚の形成と展
　　開 ── 説話集と朗詠注〉，《国語国文学研究》37，頁
　　305-320。

（日）三角洋一　2007　〈漢文体と和文体の間 ── 平安中
　　世の文学作品〉，《古典日本語の世界 ── 漢字がつく
　　る日本》，東京：東京大学出版会。

（日）小林保治　1987　〈言談の記録と記録の抄録〉，收
　　錄於日本文学協会編，《日本文学講座 3：神話・説話》，
　　東京：大修館書店。

（日）山根対助　1973　《日本の説話》，東京：東京美術。

（日）小峯和明　2006　《院政期文学論》，東京：笠間書
　　房。

（日）小峯和明　1991　〈説話の場と語り〉，收錄於（日）
　　本田義憲等編，《説話の講座》1，東京：勉誠社。

（日）小峯和明　1992　〈江談抄〉，收錄於（日）大曾根

章介編，《研究資料日本古典文学 3 説話文学》，東京：明治書院。

（日）小峯和明、（日）佐藤道生、（日）本間洋一、（日）三木雅博、（日）渡邊秀夫、（日）藤原克己　2003　〈座談会　平安朝漢文学の展開 —— 菅原道真から大江匡房へ —— 〉，《リポート笠間》44，頁 3-32。

（日）大庭脩　1996　《古代中世における日中関係史の研究》，東京：同朋社出版。

（日）大庭脩　1997　《漢籍輸入の文化史》，東京：研文出版。

（日）小野泰央　2007　〈十二世紀に至る詩歌論の展開 —— 格式から詩話へ —— 〉，《中央大学国文》50，頁 35-45。

（日）小野泰央　2009　〈《江談抄》の詩文論と平安朝詩文〉，《中央大学文学部紀要》103.224，頁 43-68。

（日）山崎誠　1993　《中世学問史の基底と展開》，大阪：和泉書院。

（日）大曾根章介　1998　《日本漢文学論集》一、二，東京：汲古書院。

（日）仁井田陞編　1964　《唐令拾遺》，東京：東京大学出版会。

（日）今成元昭　1992　〈説話と説話文学〉，收錄於（日）大曾根章介編，《研究資料日本古典文学 3 説話文学》，東京：明治書院。

（日）田口和夫　1965　〈江談抄〉，《国文学：解釈と鑑

賞特集・説話文学の世界》30.2，頁 71-73。

（日）甲田利雄　1988　《校本江談抄とその研究》下巻，東京：続群書類従完成会。

（日）平林盛得、（日）小池一行編　2008　《僧歴綜覽》，東京：笠間書院。

（日）矢島玄亮　1984　《日本国見在書目録集證と研究》，東京：汲古書院。

（日）石原昭平　1977　《篁物語新講》，東京：武蔵野書院。

（日）石原昭平　1990　〈小野篁冥官説話の諸相〉，《国文学：解釈と鑑賞》55.8，頁 69-73。

（日）佐藤道生　1997　〈匡房と寂照〉，《むらさき》34，頁 63-67。

（日）佐藤道生　2006　〈「朗詠江註」の発端〉，《芸文研究》19.1，頁 45-63。

（日）佐藤道生　2005　〈朗詠江註の視點〉，《日本文学》54.7，頁 12-21。

（日）佐藤道生　2005　〈江注と詩注 ── 《和漢朗詠集》注釈の視点〉，《国語と国文学》82.5，頁 192-203。

（日）佐藤道生　1995　〈大江匡房の《文選》受容〉，《国文学：解釈と鑑賞》60.10，頁 76-83。

（日）池上洵一　1991　〈説話の生成と傳承〉，收錄於（日）本田義憲等編，《説話の講座》1，東京：勉誠社。

（日）池上洵一　1991　〈ある顕光説話の足跡 ── 《江談抄》における説話の「場」の問題 ── 〉，收錄於説話

　　と説話文学の会編,《説話論集》1,大阪:清文堂出版。

（日）竹居明男　1988　〈源公忠蘇生譚覚え書 —— 大江匡
　　　房と天神信仰〉,《文化史学》44,頁 162-168。

（日）吉原浩人　2002　〈説話文学に見る菅原道真 ——《江
　　　談抄》』天神縁起の形成〉,《国文学:解釈と鑑賞》
　　　67.4,頁 77-83。

（日）村山修一　1981　《陰陽道史總說》,東京:塙書房。

（日）波戸岡旭　1995　〈大江匡房と賦〉,《国文学:解
　　　釈と鑑賞》60.10,頁 113-119。

（日）和田英信　2006　〈中国の詩話、日本の詩話〉,《お
　　　茶の水女子大学中国文学会報》25.4,頁 1-16。

（日）和田英信　2008　〈日本近世期の詩話について〉,
　　　《国文学:解釈と鑑賞》73.10,頁 116-123。

（日）松田智弘　1999　《古代日本の道教受容と仙人》,
　　　東京:岩田書院。

（日）岡安君枝　1958　〈平安時代における陰陽道の星祭
　　　について〉,《法政史学》11,頁 61-68。

（日）服藤早苗　2006　〈遊女の成立 —— 遊行女婦から遊
　　　女へ〉,《歴史の中の遊女・被差別民謎と真相》,《別
　　　冊歴史読本》45,東京:新人物往來社。

（日）美濃部重克　1991　〈言談の世界 —— 説話の生成と
　　　流布 —— 〉,《伝承文学研究》39,頁 3-8。

（日）柳瀨喜代志　1990　〈中国文学と平安朝漢文学 —— 漢
　　　籍受容の一、二のかたちをめぐって —— 〉,《国文学:
　　　解釈と鑑賞》55.10,頁 19-25。

（日）高木功一　2000　〈〈冥官篁〉の成立 —— 逸勢、道真との連想から〉，《日本文学論究》59，頁 107-116。

（日）益田勝實　1965　〈貴族社会の説話と説話文学〉，《国文学：解釈と鑑賞》30.2，頁 40-44。

（日）高津孝　2011　〈書籍〉，收錄於《增補日宋文化交流の諸問題》，《新編森克己著作集》4，東京：勉誠出版。

（日）高橋文治　1991　〈崔府君をめぐって —— 元代の廟と伝説と文芸〉，收錄於田中謙二博士頌寿記念論集刊行会編，《田中謙二博士頌寿記念・中国古典戲曲論集》，東京：汲古書院。

（日）真壁俊幸　1994　《天神信仰史の研究》，東京：続群書類従完成会。

（日）真壁俊幸　1998　《天神緣起の基礎研究》，東京：続群書類従完成会，。

（日）速水侑　1975　《平安貴族社会と仏教》，東京：吉川弘文館。

（日）清水茂著，蔡毅譯　2003　《清水茂漢學論集》，北京：中華書局。

（日）黑田彰　1987　《中世説話の文学史的環境》，大阪：和泉書院。

（日）淺見洋二　2005　《距離與想像：中國詩學的唐宋轉型》，上海：上海古籍出版社。

（日）富士川英郎　1991　〈詩話についての雑談〉，《新日本古典文学大系月報》8，頁 1-4。

（日）黑木香　1984　〈都良香像の変質と「天神縁起」
　　 —— 鬼の付句をめぐって —— 〉，《国文学攷》104，頁
　　10-19。

（日）黑木香　1987　〈小野篁の変貌 —— 冥官説話の変化
　　をめぐって〉，收錄於（日）稲賀敬二編，《源氏物語
　　の内と外》，東京：風間書房，頁 416-432。

（日）森正人　1991　〈古代の説話と説話集〉，收錄於（日）
　　本田義憲等編，《説話の講座》4，東京：勉誠社。

（日）黑田彰　1987　《中世説話の文学史的環境》，大阪：
　　和泉書院。

（日）菊池真　1999　〈遣唐使の文学 —— 小野篁伝説の形
　　成 —— 〉，收錄於（日）田中隆昭、王勇編，《アジア
　　遊学》，東京：勉誠出版，頁 124-134。

（日）森克己　2008　《新訂日宋貿易の研究》，《新編森
　　克己著作集》1，東京：勉誠出版。

（日）森克己　2008　《続日宋貿易の研究》，《新編森克
　　己著作集》2，東京：勉誠出版。

（日）植松茂、（日）後藤昭雄、（日）田口和夫、（日）
　　根津義　1978　《古本系江談抄注解》，東京：武蔵野
　　書院。

（日）勝部香代子　1980　〈天神信仰と醍醐天皇周辺〉，
　　《文学・史学》2，頁 52-66。

（日）鈴木裕子　1992　〈小野篁冥界入り説話〉，《仏教
　　説話の世界》11，頁 131-141。

（日）榎本渉　2007　《東アジア海域と日中交流 —— 九〜

　　十四世紀 —— 》，東京：吉川弘文館。

（日）濱田寬　2001　〈《文鏡秘府論》—— 空海の文学観〉，
　　《国文学：解釈と鑑賞特集・弘法大師空海》，66.5，
　　頁 65-72。

（日）藤善真澄　2006　《参天台五臺山記の研究》，大阪：
　　関西大学出版部。

初出一覽

　　第二章　〈《江談抄》與北宋詩話〉，《漢學研究》第 28 卷第 1 期（THCIcore）2010 年 3 月，p101-123。

　　第三章　〈宋代筆記與《江談抄》的體裁〉，《漢學研究》第 30 卷第 2 期（THCIcore）2012 年 6 月，p71-98。

　　第四章　〈《江談抄》と冥官篡説話の生成 —— 北宋文学との接点を手がかりに —— 〉，《国語国文》（京都大學）2009 年 3 月，p1-13。

　　第五章　〈論平安文人都良香之形塑與唐代文人軼事之關係〉，《中國文化研究所學報》（香港中文大學）2013 年 1 月，p81-100。

附錄：大江匡房事蹟表

1. 主要資料來源：
   - （日）川口久雄、（日）奈良正一　1984　《江談證注》，東京：勉誠出版。
   - （日）市古貞次編　1989　《日本文學年表》，東京：櫻楓社。
   - 吳文治　1987　《中國文學史大事年表》，合肥：黃山書社。
   - （日）斯文會　1977　《日本漢學年表》，東京：大修館書店。
   - （日）森克己　2008　《新訂日宋貿易の研究》，《新編森克己著作集》1，東京：勉誠出版。
2. 本表亦納入大江匡房生前卒後之宋代重要筆記著述。成書於大江匡房出生前者，統一列於首欄內；成書於大江匡房卒後者，則統一列於末欄內。
3. 本表中，以 ◎ 符號表宋代重要詩話筆記等著述成書，以 ▲ 符號表匡房生平事蹟與宋代重要事項。

西曆 匡房年齡	中國年號	日本年號	匡房事蹟	宋代重要事蹟
				◎968：孫光憲歿，撰有《北夢瑣言》傳世。 ◎970：張泊錄所聞於賈黃中，《賈氏譚錄》成書。 ◎996：李昉歿，編有《太平御覽》、《太平廣記》、《文苑英華》傳世。 ◎1001：王禹偁歿，有《小畜集》傳世。 ◎1020：姚鉉歿，編有《唐文粹》傳世。 ◎1020：錢易歿，有《南部新書》傳世。 ◎1037：丁謂歿，有後人編《丁晉公談錄》傳世。
1041 (一)	慶曆元 (仁宗)	長久二 (後朱雀)	▲誕生。	◎王堯成等編《崇文總目》。
1044 (四)	四	五	▲初次讀書。	▲畢昇約於此年發明活字印刷術，被公認爲世界最早的活字印刷發明者。 ◎歐陽修作〈朋黨論〉。
1047 (七)	七	永承二 (後冷泉)		◎宋庠編，《楊文公談苑》成書。
1048 (八)	八	三	▲通曉《史記》、《漢書》與《後漢書》。	▲大宰府引進宋曆。（《扶桑略記》） ◎蘇舜欽歿，有《蘇學士文集》傳世。
1051 (一一)	皇祐三	六	▲初次賦詩，世人以神童讚之。 ▲匡房以〈雪裡看松貞〉爲題作詩。	

1056 (一六)	嘉祐元	天喜四	▲作〈秋日閒居賦〉，受到藤原明衡的欣賞。 ▲十二月二十九日，被選爲文章得業生。	◎李上交作，《近事會元》成書。
1057 (一七)	二	五	▲二月二十日，任職丹波椽。	▲仁宗設明經科，罷說書舉人。
1058 (一八)	三	六	▲十二月二十九日，方略試及第。	
1059 (一九)	四	七		◎《杜工部集》刻本問世。
1060 (二○)	五	康平三	▲二月二十一日，任職治部少丞。 ▲五月五日，訓點《帝範》、《臣軌》等書。 ▲七月六日，對策及第敘官從五位下。	◎《新唐書》成書。 ◎梅堯臣歿，有《宛陵先生集》傳世。
1061 (二一)	六	四	▲八月十日，受已出家爲尼之源師房妻（道長之女）所託，作〈五十日逆修願文〉。	◎宋祁歿，有《宋景文公筆記》，及與歐陽脩合修《新唐書》傳世。
1062 (二二)	七	五	▲開始信奉宇佐八幡神。	
1066 (二六)	治平三 (英宗)	治曆二		◎宋庠歿，曾重刊十卷本《陶潛集》。
1067 (二七)	治平四	三	▲二月六日，任職東宮學士。 ▲三月三日，於東宮御所擔任上巳曲水詩宴講師。	
1068 (二八)	熙寧元 (神宗)	四 (後三條)	▲四月十九日，後三條繼位天皇，任匡房爲藏人。 ▲七月八日，任職中務大輔。 ▲七月十九日，官敘正五位下。	◎劉斧，生卒不詳，約活動於仁宗至神宗在位時，編有《青瑣高議》傳世。

1069 (二九)	二	五	▲一月二十七日，任職左衛門權佐。 ▲四月二十八日，兼任東宮學士。 ▲十二月十七日，兼任右少弁。	▲王安石推動熙寧變法，又稱王安石變法。
1070 (三〇)	三	延久二	▲十月，作〈石清水不斷念佛緣起〉。	▲宋開始以策試進士，罷詩、賦、論三題。 ▲正月，日僧成尋申請入宋巡禮五臺山。
1072 (三二)	五	四 (白河)	▲四月二十六日，兼任備中介，並任防鴨河使。 ▲六月二十九日，作〈円宗寺五佛堂供養願文〉。 ▲十二月八日，補任新職藏人，兼任東宮學士一職。	▲三月，日僧成巡與弟子七人搭乘宋商曾聚、吳鑄與鄭慶三人便船至肥前壁島，準備入宋。（《參天台五臺山記》） ◎歐陽修歿，著有《歸田錄》、《六一詩話》、《新五代史》，校勘《韓愈文集》，與宋祁合修《新唐書》傳世。
1073 (三三)	六	五	▲六月十二日，作〈後三條院五七日願文〉。	▲入宋僧成尋與弟子賴緣、快宗、惟觀、心賢、善久及宋僧悟本等人，搭乘宋商孫忠之船入宋。宋帝允許成尋等人晉見，並賜《金泥法華經》、錦布二十匹，及成尋所求之新譯經書。後托弟子將《楊文公談苑》等書帶回日本。 ◎周敦頤歿，宋代「理學」開詩之祖，「濂學」創始者，有《通書》傳世。

1074 （三四）	七	六	▲一月二十八日，任職美作守。續任防鴨河使、備中介及東宮學士等職位。 ▲同日，敘官從四位下。 ▲十一月二十一日，作〈大嘗會主基方屏風歌〉。	▲神宗詔國子監：許《九經》、子、史等書售往高麗。 ▲沈括主持司天監，新制渾儀、浮漏成功。
1075 （三五）	八	承保二	▲一月五日，敘官正四位下。 ▲五月四日，作〈京極大殿師實御八講願文〉。	◎蘇軾作〈江城子·十年生死兩茫茫〉。 ◎韓琦歿，有《安陽集》傳世。
1076 （三六）	九	三	▲六月七日，為關白師實起草關白辭官表。 ▲六月十三日，作〈先帝御願寺天台山金剛壽願供養願文〉	◎蘇軾作〈水調歌頭·明月幾時有〉。 ◎宋強至歿，編有記韓琦事迹《韓忠獻公遺事》傳世。
1077 （三七）	十	四	▲二月十二日，進獻〈易筮勘文〉。 ▲四月十七日，匡房夫人過世。 ▲十二月十五日，向關白藤原師實購入六條千種殿土地。	◎張載歿，「關學」創始者，有《正蒙》、《西銘》傳世。 ◎邵雍歿，有《擊壤集》傳世。 ◎撰者不詳，《唐宋分門名賢詩話》（又名《唐宋名衛詩話》）傳世。
1078 （三八）	元豐元	承曆二	▲東宮始讀《御注孝經》，東宮學士匡房侍讀。	▲日本通事僧獻方物於宋。 ◎張師正作，《括異志》成書。（成書於 1078 年以前） ◎文瑩作，《玉壺清話》成書。文瑩，生卒不詳，仁宗嘉祐中在世。另有《湘山野錄》傳世。

1079 (三九)	二	三	▲將千種殿小二條的住處改建成爲江家文庫。	▲蘇軾「烏臺詩案」爆發。 ▲神宗詔：以經義、論試宗室。 ◎宋敏求歿，著有《春明退朝錄》傳世。
1080 (四〇)	三	四	▲一月十日，長子大江隆兼由文章得業生晉升藏人。 ▲八月二十二日，卸任美作守，改任權左中弁。 ▲八月二十九日，搬往新建之小二條新宅。 ▲閏八月，撰文回絕高麗求醫。 ▲十月十六日，參加源俊房邸作文會並任講師。	▲高麗、于闐遣使貢於宋。 ◎《李太白文集》刻本問世。
1081 (四一)	四	五	▲八月八日，轉任左中弁。	▲日僧成尋於宋開保寺圓寂。（《元亨釋書》、《本朝高僧傳》）
1082 (四二)	五	永保二	▲十二月九日，推舉大納言源俊房爲右大臣。	▲十一月，大江匡房起草覆宋書信，並託付宋商孫忠帶回。（《百鍊抄》） ◎蘇軾作〈赤壁賦〉、〈念奴嬌·大江東去〉。
1083 (四三)	六	三	▲二月一日，兼任備前權守與式部權大輔二職。 ▲十月一日，作〈法聖寺塔供養呪願文〉。 ▲十二月十九日，任修理左宮城使。	◎曾鞏歿，有《元豐類稿》傳世。

1084 （四四）	七	四	▲六月二十三日，轉任左大弁。續任式部權大輔及東宮學士等職位。 ▲八月二十二日，爲內大臣藤原師通之子牛九改名忠實。	◎《資治通鑑》成書。
1085 （四五）	八	應德二	▲二月十五日，兼任勘解由長官。 ▲十一月八日，卸任東宮學士。 ▲匡房作有願文三篇。	◎程顥歿，與弟程頤爲「洛學」開創者，程朱學派代表之一。
1086 （四六）	元祐元 （哲宗）	三 （堀河）	▲十月二十七日，爲藤原師通訓點《白氏文集》。 ▲十一月二十日，隨天皇巡幸圓宗寺有功，官敘從三位。 ▲匡房作有願文五篇。	◎司馬光歿，著有《涑水紀聞》、《溫公續詩話》，編有《資治通鑑》傳世。 ◎王安石歿，有《臨川先生文集》傳世。另編有《四家詩選》、《唐百家詩選》。
1087 （四七）	二	四	▲一月二十五日，轉任式部大輔。 ▲十一月九日，作〈大嘗會悠紀方屏風歌〉。 ▲匡房作有願文二篇。	◎吳處厚作，《青箱雜記》成書。 ◎鄧忠臣作，《注杜工部集》，約成書於1087-1091。
1088 （四八）	三	寬治二	▲一月十九日，官敘正三位。 ▲一月二十五日，兼任周防權守。 ▲八月二十九日，任職參議。左大弁、勘解由長官、式部大輔及周防權守等職位如昔。 ▲匡房作有願文二篇。	◎劉攽歿，曾協助《資治通鑑》編纂，有《中山詩話》（又名《貢父詩話》）傳世。
1089 （四九）	四	三	▲一月五日，起草〈天皇元服賀表〉。 ▲九月三十日，出席藤原師通邸作文會。 ▲匡房作有願文二篇。	▲宋分經義、詩賦兩科試士，罷明法科。自此習詩賦者多，專經義者十無一二。

1090 (五〇)	五	四	▲四月二十日，於城南水閣詩宴受詔作詩序及詩。 ▲四月以降，教授藤原師通《漢書》。並出借大江家本《漢書》與師通對校。 ▲十二月九日，教授藤原師通《後漢書》。	
1091 (五一)	六	五	▲一月十七日，獻上《帝範》一書。 ▲二月十日，向上皇獻易勘文。 ▲匡房作有願文三篇。	◎王讜，生卒不詳，約活動於哲宗在位時，編有《唐語林》傳世。
1092 (五二)	七	六	▲一月二十五日，兼任越前權守。 ▲二月十二日，藤原師通向匡房借閱《陳書》。 ▲十月十九日，贈與藤原師通藏書《洛中集》一卷。	◎呂大臨編，《考古圖》成書，為最早較有系統之古器物圖錄。
1093 (五三)	八	七	▲三月至十二月，為藤原師通講授《後漢書》。 ▲十二月二十八日，與藤原師通一同閱畢《後漢書》八十卷。	
1094 (五四)	紹聖元	八	▲六月十三日，任權中納言。 ▲八月十九日，至前太政大臣家中出席歌合會。 ▲十二月十一日，官敘從二位。 ▲十二月十五日，勘定年號。	

1095 (五五)	二	嘉保二	▲二月十二日，為藤原藤原師通起草內大臣辭官表。 ▲匡房作有願文二篇。	◎沈括歿，有《夢溪筆談》傳世。
1096 (五六)	三	三	▲二月十一日，藤原師通與匡房談論《禮記》、《三國志》。 ▲作〈洛陽田樂記〉。 ▲十二月五日，為藤原師通講授《白氏文集》。 ▲十二月十七日，勘定年號。	
1097 (五七)	四	永長二	▲三月二十四日，兼任大宰權帥。 ▲十月九日，匡房母逝世。 ▲匡房作有願文七篇。 ▲《本朝神仙傳》約在此時成書。	◎文彥博歿，有《潞公集》傳世。
1098 (五八)	五	承德二	▲二月三日，養子大江有元對策及第。 ▲十月九日，舉行故母逝世周年追思會。 ▲十月，出發至九州大宰府。	
1099 (五九)	元符二	三	▲一月十一日，為《扶桑明月集》作跋文。 ▲《江家次第》在康和元年後成書。	▲宋許高麗遣人士參加科舉考試。 ◎劉延世歿，有筆錄孫升（1037-1099）談話的《孫公談圃》傳世。
1100 (六〇)	三	康和二	▲九月十九日，捐獻搭建築前安樂寺內滿願院。 ▲約為〈西府作〉、〈參安樂寺詩〉等大作創作時期。 ▲作〈筥崎宮記〉、〈對馬貢銀記〉。	◎秦觀歿，「蘇門四學士」、「蘇門六君子」之一，有《准海集》傳世。

1101 (六一)	建中 靖國元 (徽宗)	三	▲八月二十一日，於安樂寺祭道真。 ▲八月二十四日，作〈安樂寺聖廟詩宴序〉。	◎蘇軾歿，著有《東坡志林》，後人集蘇東坡稿撰《東坡詩話》傳世。 ◎陳師道歿，有《後山詩集》，後人輯陳師道稿併假托之文等，撰《後山詩話》傳世。 ◎王欽臣約在此時過世，有記其父王洙（997-1057）語錄的《王氏談錄》傳世。
1102 (六二)	崇寧元	四	▲一月五日，赴大宰府任之賞，追官敘正二位。 ▲二月，捐獻搭建宇佐宮新堂舍。 ▲三月三日，於西府舉辦行曲水詩宴。 ▲閏五月四日，長子隆兼逝世。 ▲六月十三日，歸京。 ▲匡房作有願文五篇。	▲司馬光等四十四人被打入元祐黨籍。 ◎魏泰，生卒不詳，約活動於神宗、哲宗、徽宗時期，撰有《東軒筆錄》、《臨漢隱居詩話》傳世。 ◎孔平仲，生卒不詳，約活動於神宗至徽宗在位時，著有《孔氏談苑》傳世。
1103 (六三)	二	五	▲五月四日，舉行隆兼周祭。 ▲十月二十七日，籌畫大江家歷代祖先神供養於般若寺御堂事宜。 ▲《續本朝往生傳》在康和五年前成書。 ▲匡房作有願文四篇。	▲宋置醫學。 ▲徽宗詔：蘇洵、蘇軾、蘇轍、黃庭堅、張耒、晁補之、秦觀等人文集，范祖禹《唐鑑》、范鎮《東齋紀事》、劉攽《詩畫》、僧文瑩《湘山野綠》等印板，悉行焚毀。
1104 (六四)	三	六	▲二月十日，勘定年號。 ▲匡房作有願文三篇。	▲宋始設置書學、畫學、算學。
1105 (六五)	四	長治二	▲三月二十四日，作〈冥道供祭文〉。 ▲匡房作有願文五篇。	◎黃庭堅歿，「江西詩派」開創者，有《豫章黃先生文集》傳世。

| 1106
(六六) | 五 | 三 | ▲三月十一日，再任大宰權帥，卸任權中納言。
▲四月九日，勘定年號。
▲七月五日，作〈祈雨書〉。
▲七月二十七日，作〈法皇八幡宮參詣告文〉。
▲八月十三日，至日吉神社獻祈求病癒祭文，又於北野神社獻上祭文。 | ▲宋罷醫學。
◎晏幾道歿，有《小山詞》傳世。
◎王鼎歿，著有《焚椒錄》傳世。 |
| 1107
(六七) | 大觀元 | 嘉承二
(鳥羽) | ▲九月一日，未受委託自行起草〈堀河院舊臣結緣經院文〉。
▲十一月一日，爲藤原忠實作〈朔旦冬至賀表〉。
▲「江帥〈匡房〉、此二三年行步不相叶。仍不出仕、只每人來逢記錄世間雜事之間、或多僻事、或多人上。偏任筆端記世事、尤不便歟。不見不知暗以記之、狼藉無極。」（《中右記》，嘉承二年三月三十日條）
▲匡房所爲，奇也怪也。世間之人爲文狂歟。可謂物怪歟。凡件卿依所勞此兩三年來暗記錄世間事。或有僻事、或有虛言。爲末代誠不足言也。（《中右記》，嘉承二年九月二十九日條）
▲匡房作有願文七篇。 | ▲書畫家米芾歿。
◎程頤歿，與兄程顥爲「洛學」開創者，程朱學派代表之一。門人編有二程語錄集《粹言》，另有《河南程氏遺書》（原名《二程語錄》）傳世。 |

1108 (六八)	二	三	▲八月三日，勘定年號。 ▲匡房作有願文三篇。	▲徽宗詔：諸路州學有閣藏書，皆以經史爲名。今尊《六經》以黜百家，史何足言。
1109 (六九)	三	天仁二	▲四月，作〈谷阿闍梨傳〉。 ▲「江談云，天仁二年八月日，向小一條亭言談之次問曰，假名手本何時始起乎，又何人所作哉。答云，弘法大師御作云⊓。」（《河海抄》卷十二〈梅枝〉） ▲「雅兼卿記云，天永元年十二月廿一日，帥(匡房)被語事一一難憶記，一被語曰，繪師金岡子公望公忠也…。」（《花鳥餘情》第二〈箒木〉） ▲匡房作有願文十二篇	宋立海商越界法。 ◎李廌歿，著有《師友談記》傳世。 ◎王直方歿，撰有《王直方詩話》傳世。
1110 (七〇)	四	三	▲七月十三日，勘定年號。 ▲匡房作有願文十四篇。	◎晁補之歿，與黃庭堅、張耒、秦觀並稱爲「蘇門四學士」，有《雞肋集》、《晁氏琴趣外篇》傳世，著有《廣象戲圖》但已失傳。
1111 (七一)	五	天永二	▲七月二十九日，任大藏卿。 ▲十月二十五日，源師時因匡房病重而前往探視。 ▲十一月五日，戌時，匡房逝世。 ▲匡房作有願文十篇。	

				◎1112：蘇轍歿，著有《龍川別志》、《龍川略志》、《欒城集》傳世。 ◎1116：王得臣歿，著有《麈史》傳世。 ◎1121：唐庚歿，有《唐子西文錄》（又名《唐庚詩話》）傳世。 ◎1134：趙令畤歿，有《侯鯖錄》傳世。